디지털 세상에서
나를 지키기 위한
개인정보와
안전이야기

**디지털 세상에서 나를 지키기 위한
개인 정보와 안전 이야기**

초판 1쇄 발행 2024년 10월 10일
초판 2쇄 발행 2025년 5월 20일

지은이 박선희
그린이 박선하
펴낸이 이지은 **펴낸곳** 팜파스
기획편집 박선희
디자인 조성미
마케팅 김서희, 김민경
인쇄 케이피알커뮤니케이션

출판등록 2002년 12월 30일 제 10-2536호
주소 서울특별시 마포구 어울마당로5길 18 팜파스빌딩 2층
대표전화 02-335-3681 **팩스** 02-335-3743
홈페이지 www.pampasbook.com | blog.naver.com/pampasbook
이메일 pampasbook@naver.com

값 13,000원
ISBN 979-11-7026-670-9 (73330)

ⓒ 2024, 박선희

· 이 책의 일부 내용을 인용하거나 발췌하려면 반드시 저작권자의 동의를 얻어야 합니다.
· 잘못된 책은 바꿔 드립니다.

디지털 세상에서
나를 지키기 위한
개인 정보와 안전 이야기

박선희 글 | 박선하 그림

팜파스

어린이 친구들에게

여러분은 스마트폰으로 무엇을 가장 많이 하나요? 게임? 채팅? 웹툰 보기? 인터넷 검색? 아마 여러 활동을 하고 있을 거예요. 과학 기술이 발전하면서 전에는 하지 못한 일들을 스마트폰으로 하게 된 것들도 많아요. 예를 들면, 편의점에서 물건을 사고 돈을 내는 것도 이제 스마트폰으로 할 수 있어요. 어른들은 은행 거래도 이제 스마트폰으로 하지요. 쓰던 물건을 사고 파는 중고 거래도 중고 거래앱으로 손쉽게 할 수 있어요. 앞으로 기술이 더 발전할수록 더 많은 일들을 스마트폰, 그리고 디지털 기기로 할 수 있게 될 거예요.

현실에서 하는 수많은 일들을 디지털 세상에서도 할 수 있게 되면서 좋은 점만 있는 것은 아니에요. 그만큼 어둡고 위험한 점도 생겨났거든요. SNS나 메신저앱을 통해 퍼지는 다양한 범죄와 가짜 뉴스, 디지털 기술로 더 정교해진 사기와 범죄, 그리고 딥 페이크 기술로 더욱

심각해진 디지털 성범죄 등. 디지털 세상에서 일어나는 다양한 갈등과 범죄들은 이전에는 겪어 보지 못한 방식인데다가, 현실에서 보지 못한 모습으로 나타나 더 피해를 입기 쉬워요.

우리는 이제 디지털 세상에서 안전하게 활동하고, 나를 지키기 위해 디지털 서비스에 대해 더욱 잘 알아야 해요. 우리의 개인 정보를 더 각별히 관리하고, 잘 보호해야 하지요. 더욱 성숙하고 존중하는 태도로 디지털 세상에서 활동해야만 해요. 스마트폰으로 하는 활동도 디지털 시민 의식을 갖고 임해야 하지요. 이런 노력과 관심이 커질수록 이와 관련된 디지털 서비스와 관련된 규범과 법도 만들어질 수 있을 테니까요. 이 책이 디지털 세상에서 안전하게 나를 지키며 즐겁게 활동할 수 있도록 든든한 여러분의 지원군이 되어 줄 거랍니다.

차례

어린이 친구들에게   4

 이야기 하나   그게 다 개인 정보였다고요?   8

정보 하나 | 디지털 세상에서는 개인 정보가 정말 중요해!   24

● 스마트폰으로는 무슨 일을 할 수 있을까? 25 ● 먼저 '계정'을 만들거나 '회원 가입'을 해야 된다고? 27 ● '아이디'와 '계정'은 디지털 사회의 신분증이야 28 ● 잠깐, 내 개인 정보를 어떻게 처리하는지 반드시 살펴보자 29 ● 디지털 세상에서 개인 정보는 '나'를 증명해 줘 31 ● 개인 정보에는 어떤 것들이 있을까? 31 ● 디지털 세상에서 개인 정보가 악용된다면? 35 ● 개인 정보를 잘 지키기 위해 지켜야 할 습관 37

 이야기 둘   그건 게임이 아니라 도박이라고?   40

정보 둘 | 스마트폰 세상에 일어나는 범죄들은 무엇이 있을까?   54

● 이벤트와 혜택인 척하지만 결코 공짜가 아니야! 55 ● SNS에서 쉽게 돈을 빌려준다고? 57 ● 게임인 척하지만 게임이 아니고 도박이야! 59 ● 이상한 전화가 걸려 왔다고? 보이스 피싱 62 ● 잠깐, 그 문자나 메시지는 절대 누르면 안 돼! 문자 스미싱 63 ● 잠깐, 진짜 인터넷 사이트가 아니야! 파밍 67 ● 불법 공유를 통한 바이러스 감염을 조심해! 69

| 이야기 셋 | 내 채팅 친구가 좀 이상해! | 70 |

| 정보 셋 | '친한 사이니까 괜찮다고?' 디지털 인간관계에서 반드시 알아두어야 할 것들 | 82 |

● 닉네임, 아이디 속 실제 사람이 누구인지는 알 수 없어 83 ● 로그아웃 하면 끝! 언제든지 끊어질 수 있는 얕은 인간관계 85 ● 잠깐, SNS에 콘텐츠를 올릴 때는 이 점을 명심해야 해 86 ● 오픈 채팅? 랜덤 채팅? 잠깐, 거긴 위험한 채팅방이야! 87 ● 디지털 세상에서 놀면 놀수록 우울해지는 이유 95 ● 디지털 중독은 아닐 거라고? 97

| 이야기 넷 | 디지털 세상에도 신호등과 횡단보도, 경찰이 필요해! | 100 |

| 정보 넷 | 디지털 사회에서 우리의 권리를 안전하게 지키기 위해 필요한 것들 | 114 |

● 너무 빨리, 너무 많이 디지털 서비스로 바뀌고 있어 115 ● 디지털 기술은 누구나 쓸 수 있어야 해 117 ● 디지털 세상에도 인권이 있어 118 ● 잊힐 권리, 디지털 세상에서 나의 권리를 지키기 위해 120 ● 어린이, 청소년을 위한 잊힐 권리, '지우개 서비스' 122 ● 디지털 세상에도 법과 규칙이 필요해, 디지털 권리 장전 123

관련 교과 127

이야기 하나

그게 다 개인 정보였다고요?

"됐다!"

화상 회의실에 접속한 희진은 태블릿 화면을 바라보았다. 화면에는 온라인 과학 실험 교실명이 떠 있었다. 오늘은 학교에서 안내한 온라인 과학 실험 특강의 첫 번째 수업 날이다.

그때 방문이 열리고 엄마가 얼굴을 빠끔히 내밀었다.

"희진아. 엄마 잠깐 나갔다 올게. 강의 잘 들어."

"네."

회의 참가자를 살펴보니 반 아이들 몇몇의 이름이 떠 있었다. 모두 화면과 소리 기능을 꺼두어 화면이 까맸다.

"어? 용하랑 재영이 들어왔다!"

희진은 반가운 마음에 채팅창에 인사 이모티콘을 띄웠다. 아이들의 이모티콘들이 연이어 올라왔다. 그때 화면 속 선생님이 인사했다.

- 다들 잘 접속했나요? 자, 앞으로 5번의 강의를 즐겁게 공부해 볼게요.

선생님의 말씀에 아이들은 자신의 모습을 볼 수 있도록 화면을 켰다. 희진처럼 집에서 강의를 듣는 친구들이 많았다. 간혹 학교 돌봄 교실이나 도서관에서 강의를 듣는 친구들도 있었다.

- 재영아, 너네 방 벽지 되게 웃기다.
- 그러게. 엄청 큰 꽃무늬네.
- 어? 유진아. 너도 키보이즈 좋아해?
- 어떻게 알았어?
- 어떻게 알긴! 벽에 브로마이드가 붙어 있잖아.
- 아, 맞네!

아이들은 화면 속 친구들의 공간에 큰 관심을 기울였다. 화면에는 친구들의 사적인 공간이 고스란히 드러나 있었다. 아이들은 별거 아닌 부분에도 신이 나 너도나도 말을 걸었다. 희진도 웃으며 화면을 보다 무언가 퍼뜩 떠올랐다.

"참! 수빈이가 안 들어왔네?"

희진은 냉큼 휴대폰을 꺼내 수빈에게 후다닥 메시지를 보냈다.

 수빈아. 왜 안 들어와?

 아, 그게. 휴대폰이 잘 안 돼.

 응? 왜 안 돼.

 인터넷이 너무 느려서 화면이 아직도 안 떠.

수빈은 아직 휴대폰이 없어서 수빈이 할머니의 휴대폰으로 대신 접속한다고 했다. 뭔가 문제가 생긴 모양이었다.

희진은 슬그머니 화면을 끄고 전화를 걸었다. 수빈이 바로 전화를 받았다.

"희진아. 어떡해. 할머니 휴대폰이 너무 낡아서 그런가 봐."

화면에서는 벌써 수업이 시작되고 있었다.

"수빈아. 그냥 우리 집에 올래?"

"지금?"

"응. 수업 같이 듣자."

희진이네 집은 수빈이네 집에서 뛰어가면 십 분 정도 걸렸다. 수빈은 알겠다고 하고 바로 전화를 끊었다. 십여 분 정도 흘렀을 때 초인종 소리가 울렸다. 희진이 후다닥 인터폰을 확인해 보니 수빈의 얼굴이 보였다. 문을 열어 주자 수빈이 헉헉 숨을 몰아쉬며 들어왔다. 둘은 들뜬 얼굴로 태블릿 PC 앞에 나란히 앉았다. 화면을 보던 수빈이 놀란 듯이 중얼거렸다.

"와. 애들 많이 듣네."

"그러게. 온라인이라 다들 집에서 컴퓨터나 스마트폰으로 하면 되니까 더 편할 것 같아."

"……."

희진이 주저리주저리 말하는데 수빈은 말이 없었다. 순간 희진은 아차 하는 마음이 들었다. 수빈은 방금까지 집에서 컴퓨터나 스마트폰을 이용하기가 어려워서 지금 여기 와 있는 건데 그걸 생각하지 못했다. 희진은 서둘러 말을 돌렸다.

"지우 방 예쁘다. 그치?"

"…응."

별말 없이 화면을 보는 수빈은 수업에 집중하는 것 같았다. 희진도 이내 수업을 들었다. 둘은 다행히 수업을 끝까지 들을 수 있었다.

- 자, 그럼 내일 이 시간에 다들 접속하는 거 잊지 말아요.

- 네!

온라인 회의실이 종료되었고 희진은 콧노래를 부르며 화면을 껐다. 그때 수빈이 긴 한숨을 내쉬었다. 희진이 의아해하며 물었다.

"왜 그래? 수업 별로야?"

"내일은 어떻게 하지?"

"아."

앞으로 온라인 화상 수업을 4번은 더 들어야 했다. 수빈은 할머니의 휴대폰이 워낙 오래되기도 했고, 인터넷 요금제도 저렴해서 접속이 잘되지 않는 것 같다고 했다. 희진은 냉큼 손뼉을 쳤다.

"우리 아빠도 일할 때 쓰는 태블릿 있어! 엄마한테 빌려 달라고 말해 볼까?"

수빈의 표정이 활짝 밝아지다 이내 어두워졌다.

"아니야. 매번 빌리기도 그렇고. 그냥 도서관 멀티미디어실에 갈래."

"잉? 도서관이면 너무 멀잖아. 울 아빠 꺼 써도 돼. 자주 안 쓰는 거랬어."

"집에서 하기가 좀 그래."

"왜? 인터넷 때문에?"

"그것도 그렇고. 우리 집이 나오는 게 좀 창피해서."

희진이 대꾸할 말을 찾느라 눈알을 이리저리 굴렸다. 그 모습에 수빈이 피식 웃었다.

"배경을 안 보이게 할 수도 있는데. 그냥 신경 쓰는 게 싫어. 도서관이 맘 편할 거 같아."

수빈은 부모님이 지방에서 맞벌이로 일하고 계셔서 할머니와 지내고 있었다. 저번에 수빈이 큰맘 먹고 희진을 집에 데리고 갔는데, 수빈이네 집은 좁은 거실과 더 좁은 방 한 칸으로 된 낡은 집이었다. 거기서 수빈이 끓여 준 라면도 먹고 얼마나 재미있게 놀았는지 모른다.

희진이 대수롭지 않게 말했다.

"에이, 뭘 그런 걸 신경 써."

"그래도······."

수빈의 표정이 좀처럼 밝아지지 않았다. 희진은 수빈을 웃게 해주고 싶었다.

"그럼, 앞으로 우리 집에서 같이 수업 듣자."

"응?"

"오늘처럼 같이 들으면 되지. 생각해 보니 제일 쉬운 방법이네."

"정말 그래도 돼?"

수빈의 얼굴이 활짝 펴졌다. 희진은 덩달아 신나서 고개를 끄덕였다. 수빈이랑 같이 공부할 생각을 하니 수업이 더욱 기다려졌다.

****

2주가 흐른 후, 온라인 수업이 무사히 끝이 났다. 5번이나 집에서 함께 수업을 들은 희진과 수빈은 더 친해진 기분이 들었다. 두 사람에게 좋은 기억만 남긴 이 수업이 다른 친구들에게도 그랬던 것은 아니다.

"효주네 할아버지 내복 입고 막 다니시는 거 봤어? 나 웃음 참느라 죽을 뻔했어."

"어, 목 부분이 배까지 늘어진 줄. 구멍도 있는 거 아니야? 크크."

"준혁이 누나는 완전 뚱뚱하더라."

"나도 그 누나 봤어."

"근데 유리는 방 되게 작아. 나 그렇게 작은 방 첨 봤어. 화장실인 줄 알았네."

"나 그 집 알아. 우리 동네 있는 연립인데 진짜 무너지기 일보 직전이야."

"이거 봐. 알코올램프 불이 확 올라왔을 때 선생님 얼굴 캡처한 건

데. 엄청 웃겨."

　몇몇 아이들은 2주간 온라인 화상 수업을 받으면서 보게 된 친구들의 사생활을 아무 거리낌 없이 말했다. 수업 화면들을 캡처해 시시콜콜하게 떠들었다. 온라인 특강을 듣지 않은 아이들은 몰랐던 사실이어서 관심을 끌었다.

"우리 할아버지 이야기하지 마."

"우리 누나 그렇게 안 뚱뚱하거든? 화면이 이상한 거야!"

　효주와 준혁은 씩씩대며 아이들에게 외쳤다. 자기 식구에 대해 이러쿵저러쿵하는 것이 몹시 기분 나빴다. 자기 방이 화장실 같다고 놀림을 받은 유리는 눈물을 글썽였다.

수빈은 유리를 보며 기분이 가라앉았다. 만약 자신도 집에서 온라인 수업을 받았다면 유리처럼 놀림을 받았을 것이다. 그때 유독 커다란 목소리가 들렸다.

"영지야, 너네 집 골드아파트야?"

영지는 우쭐해하며 대꾸했다.

"응. 맞아."

"우아. 거기 진짜 크고 멋지던데. 담에 너네 집에 놀러 가도 돼?"

"그럼. 너네 다 놀러 와도 돼. 내 방은 크니까."

기분 탓인지 영지는 일부러 큰 소리로 말하는 것 같았다. 저쪽에 있

던 유리는 속상한 얼굴로 교실을 나가 버렸다. 수빈이 유리를 달래러 따라 나가자 희진은 화난 얼굴로 떠드는 아이들을 향해 말했다.

"야. 너네 왜 남의 이야기를 맘대로 말해?"

"뭐야. 그럼 이야기하는 것도 다 허락받아야 하냐?"

"김희진, 왜 저래? 자기가 반장도 아니면서."

영지와 함께 떠들던 아이들이 쏘아붙이자, 희진이 발끈해서 자리에서 일어났다. 그러자 용하와 재영이 희진에게 다가와 말렸다.

"희진아. 참아. 이제 수업 시작할 거라서 더 떠들지도 못해."

"그래. 어휴. 쟤네 진짜 왜 저러는지."

희진은 가까스로 화를 참으며 자리에 앉았다. 온라인 강의로 인한 소동은 거기서 끝이 난 게 아니었다. 진짜 큰일은 일주일 뒤에 벌어졌다.

✱✱✱✱

희진이 교실에 도착하자 평소 같지 않은 웅성거림을 들었다. 의아한 표정으로 가방을 내려놓자 수빈, 용하, 재영이 다가왔다.

"희진아. 그 얘기 들었어?"

"응? 무슨 이야기?"

"영지네 언니, 사이버 수사 의뢰한대."

"뭐? 사이버 수사?"

너무 뜻밖의 말에 희진이 놀라 외쳤다. 그 바람에 영지가 희진 쪽을 돌아보았다. 영지의 표정이 딱딱하게 굳어 있었다. 희진은 목소리를 낮춰 물었다.

"그게 무슨 말이야?"

"누가 영지 언니를 스토킹했나 봐."

"스, 스토킹??"

이번에도 희진이 큰 소리로 말할까 싶어 재영이 입을 막는 시늉을 했다. 수빈이 상황을 설명했다.

"응. 휴대폰으로 막 이상한 문자랑 전화가 왔대. 그래서 휴대폰 번호도 바꿨대."

희진은 너무 놀라 할 말을 잃었다.

영지 언니라면 고등학생이다. 온라인 수업 때 쉬는 시간에 잠깐 영지가 언니 방을 보여 주었다. 정확히는 영지 언니 방에 있는 멋진 피아노를 보여 주기 위한 것이었다. 그때 영지가 언니의 피아노 실력을 자랑하면서 피아노 대회에서 1등을 해서 상금도 받았다고 자랑했더랬다. 언뜻 영지 언니 방의 풍경도 나왔다. 마치 드라마 속에 나오는 멋

진 방처럼 꾸며져서 아이들이 무척 부러워했었다.

그때 교실 문이 열리고 선생님이 들어오셨다. 수빈, 용하, 재영은 후다닥 자기 자리로 돌아갔다. 선생님은 아이들의 소요에 대해 알고 있는지 바로 사이버 수사 이야기를 꺼내셨다.

"누군지 모르겠지만 이번 온라인 과학 수업에서 개인 정보를 유출하는 일이 일어났어요."

"개인 정보 유출이요?"

"네. 온라인 수업을 들으며 화

면에서 본 친구들의 사생활을 함부로 이야기하거나 사진을 찍어서 다른 웹으로 퍼 나른 거예요."

선생님의 말을 듣고 아이들은 뜨끔한 표정을 지었다. 그 과학 수업에 참여한 아이들 중 친구들의 사생활 이야기를 하지 않은 사람이 거의 없었기 때문이다. 그뿐만 아니었다. 영지는 언니 피아노를 자랑하기 위해서 언니 방의 사진을 찍어서 단톡방에 올리기도 했다. 사진에는 피아노는 물론이고 영지 언니 방에 걸린 상장, 졸업장, 다이어리도 있었다. 단톡방에 있는 희진도 물론 사진을 보았다.

희진이 믿기지 않는 얼굴로 웅얼거렸다.

"설마… 그걸 보고 영지 언니에 대해 알아낸 거야?"

영지의 얼굴이 하얗게 질렸다. 다른 누구도 아닌 자신이 언니의 개인 정보를 유출한 장본인이었다고는 생각하지 못했기 때문이다.

선생님은 아이들을 보고 엄중한 표정으로 말했다.

"이번 일로 피해를 본 분은 휴대 전화 번호가 노출되어 스팸 전화는 물론이고, 돈을 유도하는 피싱 문자도 쏟아졌다고 해요. 알 수 없는 사

람에게서 이상한 전화도 수차례 받았다고 하고요."

선생님의 말을 듣고 아이들은 간담이 서늘해졌다. 영지가 그때 자기 언니가 대회에서 1등을 많이 해서 상금을 아주 많이 받았다고 자랑했다. 유명인도 아닌데, 그런 사적인 정보가 널리 퍼져 나갈 거라고는 생각지도 못했다.

"이번 일로 선생님은 여러분에게 꼭 당부하고 싶은 게 있어요. 디지털 세상에서도 지켜야 할 인권이 있고, 규범이 있다는 거예요. 현실과 달리 우리는 디지털 세상에서 이 점을 쉽게 간과하고 지나쳐요. 화면 속 사람은 마치 실제 사람이 아닌 것처럼 신중하지 못한 태도로 평가하고, 함부로 이야기해요. 마치 로그아웃해 버리면 그만인 일처럼 가볍게 생각하지요."

선생님은 온라인 수업 후 아이들의 분위기를 마치 알고 계셨던 것 같았다. 아이들은 꿀 먹은 벙어리가 된 것처럼 조용했다.

"하지만 화면 속 사람도, 아이디도, 톡방에 있는 닉네임 하나하나도 다 현실에서 살아가고 우리가 만날 수 있는 사람들입니다. 사생활과 인권, 개인 정보도 잘 지켜 줘야 해요. 이 일은 디지털 세상의 시민 의식이 우리에게 얼마나 부족한지를 보여 주는 일이라고 생각합니다. 앞으로 디지털 영역은 더더욱 넓어질 거예요. 그러니 나 자신을 위해

서라도 더 신중하고 존중하는 마음으로 디지털 생활을 했으면 해요. 알겠죠?"

"네."

아이들은 한마음으로 대답했다. 희진은 왠지 마음이 더 무거워졌다. 온라인으로 하는 건 무조건 편하다고만 생각했는데, 더 신경 쓰고, 지켜야 할 것들이 많았다.

게다가 영지 언니가 개인 정보 유출로 피해까지 당하게 되니 디지털 세상이 마냥 간편하게만 느껴지지 않았다. 그리고 희진은 더 궁금해졌다.

'디지털 세상에서 안전하게 생활하려면 어떻게 해야 할까?'

정보 하나

디지털 세상에서는

개인 정보가 정말 중요해!

　우리 사회는 실제 세상과 디지털 세상이 연결되어 함께 움직여. 우리는 스마트폰으로 디지털 세상이라는 또 하나의 사회에 들어갈 수 있어. 실제 사회와 닮은 듯 다른 디지털 사회. 디지털 사회는 어떤 모습들이 있을까? 그리고 스마트폰으로 어떤 일들을 할 수 있을까?

🔔 스마트폰으로는 무슨 일을 할 수 있을까?

 더 많은 사람과 더 빠르게 소통할 수 있어

　실제 세상에서 누군가를 만나려면 시간과 장소, 나이 등 여러 제약이 있어. 하지만 디지털 세상에서는 그 제약이 사라지지. 성별, 나이, 직업, 사는 곳 등은 상관없어. 그저 인터넷 카페나 커뮤니티 같은 인터넷 공간에 접속하기만 하면 즉시 누구나 이야기할 수 있어. 소셜미디어서비스(SNS)나 채팅 앱으로도 온라인 친구들과 대화할 수 있지.

✅ 온라인에서 다양한 거래를 할 수 있어

(말풍선: 배달 앱으로 치킨 주문해야겠다.)

스마트폰만 있으면 마트나 상점에 직접 가지 않아도 물건을 살 수 있어. 스마트폰으로 온라인 상점에 들어가 몇 번의 터치로 물건을 고르고 물건 값을 내는 거야. 물건 값은 온라인에 등록해 둔 나의 은행 계좌나 체크 카드, 혹은 전자 화폐로 지불해. 그러면 내가 산 물건이 택배로 배송되지. 또 온라인으로 다양한 서비스도 받을 수 있어. 배달 앱으로 음식을 주문하고 배달받는 서비스가 대표적인 예지. 돈을 보내고 받거나, 돈을 빌리고 갚는 은행 거래도 가능해.

✅ 수많은 정보를 얻고 콘텐츠를 만들 수 있어

스마트폰의 별명은 '손 안의 컴퓨터'야. 스마트폰으로 컴퓨터처럼 인터넷 검색, 문서와 사진, 동영상 편집 등 다양한 작업을 할 수 있거든. 글이나 그림, 영상을 만들어 디지털 세상에서 작가로 활동할 수도 있어. 지도 앱을 쓰면 처음 가 보는 여행지에서도 길을 찾을 수 있어.

번역 앱으로 외국어도 우리말로 알 수 있고 통역도 해 주지. 만일 외국어 학습 앱을 다운받으면 외국어 공부도 할 수 있어. 그야말로 스마트폰은 정보를 얻고, 콘텐츠를 만드는 최강의 도구야.

 먼저 '계정'을 만들거나 '회원 가입'을 해야 된다고?

스마트폰으로 이 많은 활동을 하려면 다양한 앱과 인터넷 사이트에 가입을 해야 해. 즉 '회원 가입'을 해야 하지. 바로 아이디나 이용자의 신분을 증명할 계정(인터넷이나 금융에서 신분을 증명하는 사용자 명의)을 만드는 거야. 그런 다음에 아이디나 메일 계정의 '주인'으로서 활동하는 거지. 만일 가입하지 않으면 앱, 사이트를 이용하지 못하거나 일부 서비스만 써 볼 수 있어.

회원 가입을 하려면 회원 가입 창을 누르고, 거기서 요구하는 정보를 적으면 돼. 그런데 여기서 현실의 내 정보가 들어가. 이름, 생년월일, 나이, 성별, 이메일 주소, 휴대폰 번호 같은 실제 나의 정보 말이야.

이렇게 디지털 사회는 현실 사회와 연결되는 거야. 그러니까 디지털 사회에서 활동하는 나에게는 현실 속 내 정보가 들어 있는 거지. 이 점을 스마트폰을 쓰면서 쉽게 잊어. 그래서 실제로는 하지 않을 행동을 디지털에서는 쉽게 하기도 해. 마치 디지털 속 나는 다른 사람이 된 것처럼 말이야.

하지만 스마트폰 속 디지털 세상의 나와 현실의 나는 연결되어 있어. 그러니 디지털 세상에서도 신중하고 안전하게 활동해야 해.

 '아이디'와 '계정'은 디지털 사회의 신분증이야

내 개인 정보를 입력해서 만든 <u>아이디나 계정은 디지털 세상에서 '나'라는 존재를 증명하는 신분증과도 같아</u>. 그렇기 때문에 함부로 다른 사람에게 아이디나 계정을 알려 주거나 함께 쓰면 안 돼. 그건 내 신분증을 다른 사람에게 함부로 빌려 주는 위험한 행동이거든.

현실에서도 신분증은 철저히 관리해야 해. 만일 신분증을 분실해서 다른 사람이 내 신분증을 함부로 쓴다면 크나큰 문제나 범죄를 당하게 돼. 이것을 '도용'이라고 해. 훔쳐서 나쁘게 이용한다는 뜻이지.

디지털 신분증인 아이디나 계정 또한 마찬가지야. 다른 사람에게 아이디나 계정을 빌려 주거나, 해킹을 당해서 아이디나 계정이 도용된다면 큰 문제가 생기거나 범죄를 당할 수 있어. 이것에 대해서는 나중에 자세히 살펴볼게.

 잠깐, 내 개인 정보를 어떻게 처리하는지 반드시 살펴보자

✅ **개인 정보 처리 방침을 확인하자**

회원 가입을 할 때 내 개인 정보 중 어떤 부분을 어느 목적으로 활용할 것인지를 잘 살펴봐야 해. 이걸 꼼꼼히 살펴보지 않는다면 내 생각보다 훨씬 많은 개인 정보를 앱 회사에 알려 주게 돼. 내가 가입한 앱이나 사이트가 내 개인 정보를 내가 원치 않은 곳에 보낼 수도 있거든. 그러니 조금 어렵고 귀찮더라도 개인 정보 처리와 활용에 대한 부분을 꼭 읽고 체크해 두자.

✅ 마케팅 활용 동의 항목을 살펴보자

또한 회원 가입을 할 때면 가입 양식에서 광고나 마케팅 정보를 받는 것을 동의하는지 물어보는 항목이 나와. 가입 양식에 '필수' 혹은 '선택'이라고 표시된 항목이 있는데 필수는 반드시 기입해야 하는 항목이고, 마케팅 활용 동의는 대부분 '선택'이야. 이 선택 항목에 동의하면 쿠폰이나 포인트 같은 혜택을 주기도 해. 하지만 되도록 동의하지 않는 게 좋아. 왜냐면 이건 마케팅을 하는 회사에 나의 개인 정보를 넘기는 걸 동의한다는 의미이거든. 잘 알지도 못하는 광고 회사가 내 개인 정보를 알게 된다면 개인 정보가 유출될 위험도 높아지겠지. 그러니 되도록 체크하지 말자.

 디지털 세상에서 개인 정보는 '나'를 증명해 줘

앞서 개인 정보를 입력해 회원 가입을 하면 인터넷 세상에서 활동할 수 있는 신분증인 '아이디'나 '계정'을 만들 수 있다고 했잖아? 이 말은 곧 누군가의 개인 정보만 알면 그 사람의 신분증을 얼마든지 복사해서 만들 수 있다는 이야기야. 그래서 우리는 개인 정보를 무척 잘 관리해야 해. 함부로 개인 정보를 남에게 알려 주거나 아무렇게나 방치했다가는 나도 모르게 디지털 세상에서 내 신분증으로 활동하는 사람이 있을 수 있어.

 개인 정보에는 어떤 것들이 있을까?

개인 정보는 말 그대로 개인(個人), 즉 살아 있는 한 사람에 대한 정보야. 이 사람이 누구인지를 알아볼 수 있을 정보는 모두 개인 정보라고 생각하면 돼. 디지털 세상에서 이 개인 정보들이 무척 다양하게 쓰여.

✅ 대표성을 띤 개인 정보

한 사람을 소개하는 대표적인 인적 정보를 말해. 여기에는 이름, 주민등록번호, 생일, 주소, 나이, 휴대폰 번호 등이 있어. 우리는 이 개인 정보를 가지고 아이디나 계정을 만들 수 있어.

이런 개인 정보는 사실 쉽게 찾아볼 수 있어. 우편물이나 택배 상자에 붙은 송장만 봐도 이름과 전화번호, 주소가 나와 있지. 그러니 우편물이 오면 바로 가져가고 택배를 보낼 때는 실제 휴대폰 번호를 알 수 없는 '안심 번호'로 하는 게 좋아.

특히 주민등록번호는 한 사람을 증명하는 아주 중요한 개인 정보라서 절대 함부로 알려 줘서는 안 돼. 우리나라는 2017년부터 회원 가입을 위해 주민등록번호를 요구하는 것을 금지했어. 어떤 웹 사이트나 앱에서 회원 가입을 위해 주민등록번호를 입력하라고 한다면 그건 안전하지 못한 곳이니 절대 가입해서는 안 돼.

✅ 보안을 위한 신체 정보

최근에는 우리의 신체 정보를 활용한 인공지능 기술이 많이 등장했어. 디지털 세상에서 내가 누구인지 확인하는 데 쓰이는 신체 정보로는 홍채, 지문, 안면 인식 등이 있어. 또 목소리를 인식해서 나를 확인하고, 또 내 질문도 파악하는 인공지능도 쓰이고 있어.

✅ 사적인 사회 생활 정보

아, 쟤는 ○○중학교에 다니나 봐. 교복이랑 길이 그 학교 근처야.

아주 개인적이고 사적인 활동 정보도 개인 정보야. 우리가 다니는 학교, 직장, 자주 다니는 병원, 가족 관계, 졸업 사진 등도 모두 개인 정보야. 어느 사이트에 가입되어 있는지, 어느 채널을 구독하는지, 물건을 산 구매 내역도 개인 정보이지. 유튜브에 브이로그를 찍어 올린다면 영상에 나오는 사생활도 개인 정보야. <mark>하나의 개인 정보로는 어떤 사람인지 알기 어려워도 여러 개인 정보를 모아 한꺼번에 보면 어떤 사람인지 알 수 있거든.</mark> 그러니 사소한 것일지라도 사적인 정보가 디지털상에 나오지 않도록 조심해야 해.

✅ 금융 정보

이제는 은행을 가는 것보다 스마트폰으로 은행 일을 하는 '모바일뱅킹'을 더 많이 해. 그렇다 보니 금융 정보가 무척 중요한 개인 정보가 되었지. 금융 정보로는 통장 계좌 번호, 신용 카드나 체크 카드 번호, 다양한 전자 화폐를 결제하는 비밀번호 등이 있어.

 디지털 세상에서 개인 정보가 악용된다면?

　디지털 기술은 점점 발전해서 그야말로 못하는 일이 없어졌어. 그렇다 보니 이 개인 정보가 디지털 세상에서 나쁘게 쓰일 가능성도 커졌어. 디지털 개인 정보가 유출되면 어떤 일이 벌어질까?

✅ **명의 도용? 누가 내 명의로 아이디를 만들었다고?**

　만일 나의 개인 정보를 다른 사람이 알게 된다면, 그 개인 정보로 특정 사이트나 앱에 가입해 아이디를 만들어 활동할 수 있어. <mark>누군가 나도 모르게 계정이나 아이디를 만들어 불법적인 일을 하거나 나쁜 활동을 할 수도 있는 거야.</mark> 그로 인한 피해나 책임은 '개인 정보를 유출

당한 내'가 질 수도 있어. 왜냐하면 디지털 세상에서는 내 정보로 만든 아이디와 계정을 '나'라고 여기거든. 다른 사람이 몰래 아이디나 계정을 만들었더라도 말이지.

이를 막기 위해 포털 사이트나 가입한 사이트, 앱에 주기적으로 나도 모르는 계정이 만들어져 있지는 않은지 확인해야 해. 비밀번호도 주기적으로 바꾸는 것이 좋아. 최근 정부는 나도 모르게 유출된 개인 정보를 찾아주는 서비스를 시작했어. 바로 '털린 내 정보 찾기(kidc.eprivacy.go.kr)' 사이트에 들어가면 내 계정(아이디와 비밀번호)이 유출되어 다크웹(dark web, 주로 사이버 범죄에 이용되는 사이트)에서 유통되고 있는지를 알아볼 수 있어.

✅ 이상한 메일이나 스팸 문자 메시지, 채팅이 자꾸 온다고?

만일 이전보다 스팸 메일이나 모르는 번호로 전화가 자주 온다면 휴대폰 번호 같은 개인 정보가 유출되었을 가능성이 높아. 이렇게 무분별하게 오는 스팸 문자나 메일을 함부로 눌렀다가는 큰일이 나. 누르는 순간에 컴퓨터나 휴대폰이 해킹될 수 있거든. 해킹이 되면 스마트폰에 있는 사진, 전화 번호 목록, 영상 등 온갖 사생활이 담긴 개인

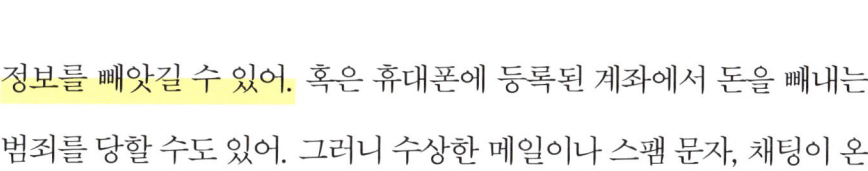

정보를 빼앗길 수 있어. 혹은 휴대폰에 등록된 계좌에서 돈을 빼내는 범죄를 당할 수도 있어. 그러니 수상한 메일이나 스팸 문자, 채팅이 온다면 스팸 신고를 하고, 절대 누르지 말아야 해.

✅ 나도 모르게 내 생활을 다른 사람이 알고 있다고?

SNS는 디지털에 주로 일상 사진이나 영상 등을 올리며 인간관계를 맺는 서비스야. 그런데 SNS의 아이디나 계정이 유출되거나 해킹되면 내 사생활이 함부로 알려질 위험이 있어. 또 SNS 속 사진이나 영상에 나오는 길이나 가게 이름으로 얼마든지 내가 사는 곳을 알아낼 수도 있지. 이것은 사생활권을 침해하는 행동이고, 다른 사람의 인권을 짓밟는 행위야. 절대 하면 안 되지만 안타깝게도 사생활을 캐내고 공유하는 일이 빈번하게 일어나므로 유의해야 해.

 개인 정보를 잘 지키기 위해 지켜야 할 습관

이토록 중요한 개인 정보를 잘 지키기 위해서 어떻게 해야 할까?

✅ 디지털 기기를 분실하지 않도록 조심해야 해

디지털 기기에는 사진이나 로그인된 앱 같이 개인 정보가 많이 들어 있어. 실제로 스마트폰에 저장된 신분증 사진이나, 증명서를 보고 또 다른 휴대폰을 개통해 몰래 돈을 대출받은 범죄들이 일어났어. 디지털 기기를 잘 간수하고 증명서나 개인 정보를 절대 남기지 말자.

✅ 비밀번호를 자주 바꾸고, 2단계 인증도 설정해 두자

온라인 계정 비밀번호는 자주 바꿔 주는 것이 좋아. 사이트마다 하나의 비밀번호로 통일해서 쓰는 것도 위험해. 그럴 경우 비밀번호가 유출되면 피해 범위가 커질 수 있거든. 그러니 사이트마다 비밀번호

를 다르게 하고, 혹 잊어버릴까 봐 적어 놓는다면 자신만의 암호로 적어 두자. 또한 비밀번호를 입력하고 본인이 맞는지 한 번 더 인증을 하는 '2단계 인증'을 설정해 두면 더 안전해. 누구에게도 비밀번호를 알려 줘서는 안 된다는 걸 명심하자.

✅ 공용 컴퓨터일 경우는 반드시 로그아웃하자

공용 컴퓨터는 물론이고 집에서도 웹사이트나 SNS에는 반드시 로그아웃해야 해. 습관적으로 로그아웃을 하지 않고 창을 닫았다가는 다음에 화면을 켤 때 로그인된 상태일 수 있어. 그렇게 되면 다른 사람이 내 메일이나 사이트에 접속해 사적인 정보를 알 수 있어.

✅ 활동하지 않는 사이트나 카페, SNS는 탈퇴하자

자주 사용하지 않는 앱이나 사이트, 인터넷 카페라면 탈퇴하자. 가입만 하고 방치했다가는 나도 모르게 내 정보가 이용될 수 있어. 실제로 인터넷 카페를 운영하던 사람이 카페를 통째로 마케팅 업체에 넘겨 카페 회원 정보가 업체에 넘어간 사례가 있어. 그러니 활동하지 않은 인터넷 카페나 사이트는 탈퇴하고 개인 정보를 삭제하는 것이 좋아.

이야기 둘

그건 게임이 아니라 도박이라고?

"아, 다 했다."

진하는 완성한 리포트를 저장하고 기지개를 켰다. 거실로 나오니 엄마는 휴대폰 화면을 들여다보고 있었다. 엄마 옆에 있는 동생 용하도 무엇을 그렇게 보는지 스마트폰에 열중이었다. 진하는 그 모습을 보고 어처구니없어 웃었다.

"아니, 푹 빠졌네. 빠졌어. 다들 스마트폰 없었으면 어쩔 뻔했어."

진하가 냉장고에서 물을 꺼내는데, 엄마가 중얼거렸다.

"아이참, 내가 뭘 주문했지?"

그 소리에 진하는 물을 마시다 말고 물었다.

"엄마, 왜 그래?"

"응? 아니, 이런 문자가 와서. 내가 뭘 샀나. 하긴 요새 좀 산 게 많아야 말이지."

"맨날 돈 없다고 물건 그만 산다면서."

"그러게 말이다. 근데 워낙 쿠폰도 자주 주고, 세일이라고 알람도 오니까 자꾸 사게 되네. 근데 이건 정말 뭐였는지 기억이 안 나."

진하가 식탁에 컵을 내려놓고 다가오자 엄마가 문자를 보여 주었다.

[국제발신] 고객님이 주문하신 물품 135400원 주문완료(결제완료).
(본인이 아닐 경우, 1897-1234로 문의요망)

"엄마, 해외에서도 뭐 사?"

"요새는 해외 쇼핑 앱도 많으니까 주문하지."

"그럼 엄마가 주문했나 보지. 여기 링크 있는데?"

"금액이 좀 이상한데……. 링크 눌러 보면 내가 뭘 주문했는지 알 수 있겠지?"

엄마가 막 링크를 누르려던 찰나 진하가 다급하게 외쳤다.

"엄마, 잠깐!"

"응?"

갑자기 진하가 엄마 손에 든 스마트폰을 낚아챘다.

"이런 거 막 누르면 큰일 나."

"큰일 난다니."

진하는 유심히 문자를 보다 스팸 번호 확인 앱을 켜서 엄마에게 온 전화번호를 검색했다.

"역시… 신고된 번호네."

"아니, 뭔데 그래."

"피싱 문자였어. 이런 문자 메시지는 링크를 누르기만 해도 바로 큰돈이 빠져나갈 수도 있어."

엄마의 눈이 휘둥그레졌다.

"피싱 문자?"

진하는 방금 전까지 쓰고 있던 리포트를 떠올렸다. 교양 과목으로 디지털 범죄 수업을 들었는데, 과제 주제가 사이버 범죄다.

"요새 별별 피싱 사기가 많이 있잖아. 이런 식으로 링크를 눌러 확인하게끔 만드는 피싱 문자도 있어. 그냥 누르기만 해도 돈이 빠져나가고 개인 정보도 털린대."

"세상에. 무서워서 문자도 확인 못하겠네."

엄마는 질렸다는 얼굴로 고개를 절레절레 저었다. 진하의 시선이 동생 용하에게 닿았다. 이 난리인데도 용하는 스마트폰에서 눈을 떼지 않고 있었다.

"야, 김용하. 너 뭐 보는데?"

그때 엄마가 무언가 생각났는지 무릎을 치며 말했다.

"아, 맞다. 진하야, 너 수진이 알지?"

"어, 알지. 중학교 때 같은 반이었잖아."

"그래, 그 수진이! 수진이 엄마를 어제 마트에서 만났는데, 수진이가 얼마 전에 이상한 일을 겪었다는 거야. 수진이가 아르바이트를 하는데, 모르는 번호로 전화가 와서는 경찰이라며 수진이 계좌에 사기 신고가 들어왔다고 했대. 그러더니 계좌 번호며, 주민 번호며 꼬치꼬치 캐묻더래. 수진이가 너무 놀라서 계좌 번호를 알려 주려는데, 옆에서 사장님이 아무래도 낌새가 이상하니 빨리 끊으라고 했다더라."

엄마의 말에 진하는 간담이 서늘해졌다.

"그거 보이스 피싱이야, 엄마. 경찰은 절대 전화로 개인 정보 안 물어봐. 말했으면 바로 돈이 빠져나갔을 거야. 수진이 괜찮대?"

"응. 말하지 않은 상태로 끊었나 봐."

"휴, 다행이다. 요새 보이스 피싱도 더 감쪽같아졌어. AI로 아는 사람의 목소리와 똑같이 만들어 그 목소리로 전화를 걸어. 예를 들어, 엄마한테 내 목소리로 보이스 피싱 범죄자가 전화를 거는 거야."

"어머나! 목소리도 똑같이 만들어?"

"응. 인공지능으로 음성을 똑같이 만들 수 있어. 가족인 양 전화해서 돈을 보내 달라고 유도하는 거지. 그러니까 아무리 가족이어도 전화로 개인 정보를 말해 주면 절대 안 돼. 이런 사기 수법이 있다는 걸 모르면 깜박 속기 딱 좋아."

진하는 새삼 과제 주제로 디지털 범죄에 대해 조사하게 되어서 다행이라는 생각이 들었다. 이렇게 주변에서 실제로 디지털 범죄가 일어나고 있을 줄은 몰랐다. 진하는 마음이 놓이지 않아서 엄마의 메시지를 슬쩍 보다 깜짝 놀랐다.

"근데 엄마, 왜 이렇게 스팸 문자가 많아?"

"글쎄, 모르겠다. 요즘 부쩍 많이 오네."

"혹시 최근에 중고 거래한 적 있어? 아니면 가입한 앱이나 사이트는 없어?"

"아유, 그런 건 자주 하지. 그걸 다 어떻게 기억하니?"

"기억해야 돼. 엄마, 가입할 때 입력한 엄마의 정보를 알아내서 스팸이나 피싱 문자를 보낼 수도 있어."

진하는 엄마에게 조심해야 할 것들을 알려 주었다. 엄마는 긴 한숨을 내쉬었다.

"아이고, 기술이 좋아졌다고 편한 게 아니네. 더 무서운 세상이야."

"앞으로는 앱도 잘 알아보고 깔아야 해. 안 그러면 악성 앱을 깔 수도 있어. 잘 모르는 번호나 문자 메시지는 무조건 조심해야 하고. 아는 사람이어도 이상한 기미가 느껴지면 조심! 알았지?"

진하의 말에 엄마는 열심히 고개를 끄덕였다. 진하는 아직도 스마트폰에 몰두하는 용하를 보고 인상을 찌푸렸다.

"야, 넌 뭐 하는데 아직도 그것만 보냐."

"……."

아무 대답이 없는 용하를 보고 엄마가 혀를 찼다.

"용하야. 형이 말하잖아."

"……."

"세상에, 얘가."

엄마가 용하의 어깨를 잡자 그제야 용하가 고개를 들어 엄마를 보았다. 얼마나 스마트폰을 들여다보고 있었는지 용하의 두 눈이 빨갰다.

"왜?"

짜증 섞인 용하의 말투에 엄마와 진하는 황당해졌다.

"몇 번 말해도 대답도 안 하고, 너 뭐 하냐?"

"나 대화 중이야."

"대화는 무슨……."

진하는 언뜻 용하의 스마트폰 화면을 보았다. 채팅창에 글들이 올라가고 있었다. 용하는 다시 스마트폰을 보다 눈이 뻑뻑한지 손으로 마구 비볐다. 진하가 용하의 손을 붙들었다.

"야, 그러다 눈 다쳐. 하도 스마트폰만 보니 눈이 침침하지. 목도 구부정해지고."

"하, 형. 잔소리 좀 그만해."

용하가 신경질적으로 대꾸하자 엄마가 매섭게 말했다.

"너야말로 말 좀 예쁘게 해. 스마트폰을 줄이라고 하면 아주 보통 날을 세우는 게 아니야. 이놈의 스마트폰을 버리든가 해야지."

두 달 전 생일 선물로 용하에게 최신 스마트폰을 사 준 것이 화근이었다. 용하가 이렇게 스마트폰에 빠져 지낼 줄 알았다면 엄마는 절대 사 주지 않았을 것이다.

용하는 못마땅한 얼굴로 일어나 쌩하니 방으로 들어가 버렸다.

"너, 자꾸 그러면 스마트폰 진짜 버릴 거야!"

쾅! 닫힌 방문을 보며 엄포를 놓던 엄마가 한숨을 내쉬었다.

"쟤 저렇게 놔둬도 되는 걸까? 진하야."

진하는 걱정스러운 눈으로 용하의 방문을 바라보았다.

✱ ✱ ✱ ✱

다음 날, 수업이 일찍 끝난 진하는 용하에게 메시지를 보냈다. 용하는 진하가 졸업한 초등학교를 다녔다. 진하가 초등학교 6학년을 졸업할 때 용하는 1학년으로 막 입학해서 두 사람이 함께 학교를 다니지는 못했다. 6살이라는 나이 차이가 있어도 형제는 잘 지냈다. 그런데 진하가 대학에 들어가고 용하가 6학년이 되면서 전보다 소원해졌다.

'용하한테 너무 신경을 못 썼어.'

6학년 수업이 끝날 시간이어서 학생들이 우르르 나왔다. 몇몇 아이들은 학원 차를 타고 갔고, 몇몇 아이들은 자기들끼리 모여 어디론가 걸어갔다. 그중에는 용하와 꽤나 친했던 아이들도 보였다.

아직 용하가 보이지 않아 진하는 교정을 두루두루 살펴보았다. 시간이 좀 지난 후 용하가 혼자 나왔다.

"김용하!"

진하가 용하를 보고 반갑게 손을 흔들었다. 용하는 진하를 발견하고는 뛰어서 진하 곁으로 왔다.

"뭔 일이야?"

"꼭 일이 있어야 오냐? 오랜만에 너 맛있는 것 좀 사 주려고 왔지."

진하가 웃으며 말하자 용하가 멀뚱한 얼굴로 보았다. 진하는 머쓱하게 뒤통수를 긁었다.

"야, 안 반갑냐?"

"새삼스럽게."

둘은 자주 가던 중국집에 가서 용하가 좋아하는 마라탕과 탕수육을

시켰다. 물을 마시던 진하가 문득 궁금한 얼굴로 용하를 보았다.

"근데, 너 왜 혼자 나왔어? 네 친구들은 아까 우르르 가던데?"

"…그냥 같이 나오기 싫어서. 일부러 늦게 나왔어."

"같이 안 놀아?"

"어."

"흠. 걔네 작년에 우리 집에도 놀러 왔던 것 같은데."

"걔네들이랑 놀려면 무슨 스포츠 게임을 해야 하는데. 나는 그거 안 하거든."

"스포츠 게임?"

"응. 난 공신폰 쓰다가 얼마 전에 스마트폰이 생겼잖아. 그래서 그동안 안 하고 있었는데, 걔들은 하더라고. 나만 안 하는 게 좀 그래서 해 볼까 했는데, 좀 아닌 것 같아서."

"뭐가 아닌 것 같은데?"

용하는 망설이다가 입을 열었다.

"형, 이거 엄마한테 비밀이야. 애들이 알려 준 오픈 채팅 앱을 따로 깔았는데, 채팅하다 숙제도 못하고 가기도 하고."

"헛, 너 누군지도 모르는 사람들이랑 채팅하는 거야? 절대 하지 마."

"안 그래도 너무 이상한 말 하는 사람들 많아서 짜증 나서 안 할 거거든? 게임도 돈 써야 하고."

진하는 설마 하는 심정으로 용하에게 물었다.

"그 게임, 막 돈도 따고 그러는 거 아니지?"

"돈 따는 것 같던데? 애들 채팅으로 어디에 베팅하냐고 묻고 그래."

진하는 머리가 지끈해졌다. 물을 다시 벌컥 마셨다. 이제야 어제 용하가 채팅을 하면서 날이 선 이유를 알 것 같았다. 용하는 그런 대화가 적응도 안 되고, 그런 게임을 해도 되는지 망설여졌을 것이다.

'용하 나이 때는 친구들이 하는 걸 혼자 안 하기가 쉽지 않은데.'

친구가 하는 걸 같이 해야 한다는 마음 때문에 채팅에 참여는 하는데 용하는 불편한 마음에 날이 섰던 것이다. 진하는 이번 과제를 내준 교수님께 감사해야 할 지경이었다. 디지털 범죄에 대해 알지 못했다면 이렇게 다사다난한 현실이 일어나는 것도 모르고 지나칠 뻔했다.

"용하야. 잘 들어. 그거 불법 도박이야. 베팅이라니, 청소년은 스포츠 게임 베팅 자체가 불법이거든?"

"부, 불법 도박?"

"그래. 스마트폰 앱만 깔면 쉽게 할 수 있으니까 게임 같고, 별거 아닌 것 같지만. 정말 위험한 일이야. 큰돈을 빚지게 될 수도 있어. 네 친구들도 당장 그만둬야 해."

진하의 말에 용하는 침을 꿀꺽 삼켰다. 어떻게 이 상황을 해결해야 할지 감이 잡히지 않았다. 하지만 진하는 차근차근 풀어 가기로 했다. 그나마 다행인 건 용하가 스스로 하지 않았다는 것이다.

"스마트폰이 있으면 너무 쉽게 디지털 속 검은 유혹이 접근할 수 있어. 다른 앱과 똑같은 디지털 서비스처럼 되어 있어서 그게 나쁜 것처럼 보이지도 않거든. 그래서 나 스스로 디지털 활동을 멈추고 조절할 줄 아는 능력이 정말 중요해. 아무리 친구들이 중요하고, 스마트폰이 재미있어도 나 자신을 망치는 행동은 절대 하지 말아야 해. 알았지?"

"응."

진하의 당부에 용하는 다짐하듯이 고개를 끄덕였다. 진하는 신신당부를 하면서도 마음이 놓이지 않았다. 용하가 자기도 모르게 무방비하게 나쁜 앱이라도 쓰게 될까 걱정되었다. 과제를 하며 진하도 처음 알게 된 디지털 범죄가 많았다. 하물며 아직 세상 물정을 잘 모르는 용하 같은 어린이나 청소년들은 더 범죄를 당할 가능성이 컸다.

"잘 모르는 스마트폰 앱으로 공짜 게임도 하고, 만화도 볼 수 있고, 돈도 쉽게 벌 수 있다고 광고한다면 한 번씩 의심해 보는 게 좋아. 절대 아무 대가 없이 서비스하지 않거든. 하다못해 너의 개인 정보라도 긁어 간다고. 만약에 잘 모르겠으면 꼭 형한테 물어봐."

"알았어. 으, 신경 쓸 게 많네."

"그렇지. 공신폰으로 돌아갈래?"

"아니? 잘 알아서 조심히 써 볼게."

용하가 투덜대자 진하는 그제야 웃었다.

"음식 나왔습니다."

"아, 네."

마침 마라탕과 탕수육이 나와서 진하와 용하는 젓가락을 들었다. 그때 마침 용하의 스마트폰이 울렸다. 오픈 채팅 앱의 알림이었다. 용하는 곰곰이 알림을 보다 채팅 앱을 삭제했다.

"오, 실행력 한번 좋은데?"

"채팅 앱 너무 많아서 귀찮았어. 오픈 채팅이라 아는 애들도 아니고 그냥 학교 애들 있는 것만 할래."

"잘 생각했어."

진하는 조금 마음이 놓였다. 무뚝뚝한 동생이지만 스마트폰을 쓰면서 뭘 조심해야 하고, 얼마나 조절해야 할지는 알아들은 것 같았다. 스마트폰은 잘 쓰면 현명한 도구지만 잘 쓰지 못하면 생활을 망치는 도구가 되기 십상이라는 걸 형제는 여실히 깨달았다.

정보 돋

스마트폰 세상에서 일어나는
범죄들은 무엇이 있을까?

    디지털을 이용하는 대다수 사람들은 다양한 앱이나 인터넷 서비스들이 어떤 기술과 데이터로 만들어지는 건지 잘 몰라. 그리고 잘 모르는 점을 나쁘게 이용해서 범죄를 저지르는 사람들이 있지.

    디지털 범죄는 이전에 보지 못한 방식이어서 어른들조차도 피해를 당해. 하물며 어른들보다 경험이 적고 범죄나 금융처럼 아직 사회에 대해 잘 모르는 어린이, 청소년들은 더욱 쉽게 당할 수 있어. 디지털 세상의 어두운 일면들을 하나씩 살펴보자.

 이벤트와 혜택인 척하지만 결코 공짜가 아니야!

앱도 깔고, 설문 조사도 하고 나니…

웹툰이나 웹소설을 보다 보면 불쑥 배너 광고가 떠. 그런데 광고 내용이 아주 솔깃해. 이벤트에 참여하면 문화 상품권이나 적립금, 캐시나 코인 같은 전자 화폐를 준다는 거야. 이건 정말 손쉽게 돈을 벌 기회잖아! 그런데 말이야. 이거 정말 순수한 이벤트일까?

앱을 이용하면서 돈을 버는 활동을 '앱테크'라고 해. 공짜로 돈을 벌거나 혜택을 받는 것 같지. 큰돈도 아니니까 재미로 해 봐도 좋고, 오히려 안 하면 손해인 것 같지. 하지만, 이런 돈 버는 기회가 과연 공짜일지 의심해 봐야 해. 앱을 개발한 사람들이 아무 목적 없이 혜택을 주지는 않거든.

대부분의 경우, 이벤트에 참여하려면 해당 앱을 다운 받아 가입해야 하거나, 개인 정보를 마케팅에 활용하게끔 동의해 줘야 해. 괜찮은 앱인지 알아보지도 않고 무작정 다운하면 불량 악성 앱을 깔 수도 있어. 또한 마케팅 활용 항목에 동의하면 모르는 회사에 내 개인 정보를 직접 넘긴 셈이야. 이렇게 넘어간 개인 정보는 나도 모르게 쓰이지.

만일 공짜 혜택을 주는 이벤트 문자가 온다면 이런 질문을 해 보자.

"이 혜택들은 그냥 공짜로 나에게 주는 걸까?"

"이 앱은 과연 괜찮은 앱일까?"

이게 무슨 뜬금없는 질문이냐고? 이 질문은 디지털 세계에서 안전하게 활동하기 위해 꼭 필요해. 공짜인 척하지만 알고 보면 내 개인 정보를 제공한 대가이거든. 그렇게 따지면 이 작은 혜택에 너무 큰 위험을 안는 거야. 그러니 꼼꼼히 알아보고 되도록 안전한 선택을 하자.

 SNS에서 쉽게 돈을 빌려 준다고?

게임을 하다 보면 아이템을 살 돈이 부족하거나, 아이돌 굿즈를 사고 싶은데 용돈이 부족할 때가 있어. 그럴 때 마치 내 사정을 잘 아는 것처럼 SNS에 광고가 떠. 바로 돈을 대신 입금해 줄 테니 며칠 있다 갚으라는 광고야. 혹은 작은 돈을 빌려준다는 광고지. 이런 걸 '대리 입금', '대리 대출'이라고 해. 당장 게임을 하고 싶고, 굿즈를 갖고 싶은 마음에 이걸 신청하면 큰일 나. 많은 이자를 붙여서 갚으라고 강요하거든. 수시로 갚으라는 협박 전화를 걸거나 개인 정보를 유포하겠

소액 대신 입금해 줄게요. 수고비 50%, 지각비는 만 원입니다. 메시지 주세요.

바로 대출 가능해요. 반납일은 3일 이내. 톡 보내 주세요.

다고 협박을 하지.

　이런 대리 입금과 불법 대출은 지금의 법정 금리(10만 원 미만은 제외)를 훌쩍 넘기기 때문에 불법이야. 그러므로 절대 해서는 안 돼. 만일 했다면 부모의 동의 없이 미성년자가 입금한 것이니 이자를 지급하지 않아도 돼.

아직 어려서 계좌가 없다구요? 괜찮아요. 부모님 계좌를 입력해도 돼요!

　또한 이런 불법 대출 업체들은 청소년들에게 부모님의 계좌나 카드 번호 같은 금융 정보를 입력하라고 요구하기도 해. 이것은 부모님의

금융 정보를 팔아 버리는 행위니 절대 해서는 안 돼.

 게임인 척하지만 게임이 아니고 도박이야!

사다리 게임, 레이싱 게임, 달팽이 게임, 로하이, 파워볼, 스포츠 베팅 게임. 모두 게임인 줄 알았는데 알고 보니 불법 도박이야. 일부 아이들만 하는 거라고? 놀랍게도 그렇지 않아. 2022년 청소년 도박 문제 실태 조사에 따르면 학교에 다니는 청소년 100명 중 5명이 도박에 빠졌어.

지금 하는 게 도박인지도 모르고 게임인 줄 알고 하는 십 대들도 아주 많아. 온라인 도박은 일부러 게임인 척하며 청소년을 노리고 접근하거든. 도박 게임 앱이나 사이트들은 이름, 생년월일, 휴대폰 번호만 있으면 어떤 인증도 거치지 않고 쉽게 가입이 가능해.

"이 내기 게임을 하면 금방, 손쉽게 돈을 벌 수 있대요."
"이거 그냥 용돈벌이 하는 거예요. 친구는 많이 벌었어요."

하지만 도박의 특성상, 결코 돈을 벌 수 없어. 도박 사이트를 만든 조직이 결과를 조작해 초반에 쉽게 돈을 따지만 곧 가진 돈을 잃게 되거든. 그리고 잃은 돈을 다시 따기 위해 더 큰돈을 쓰게 만들지.

심한 경우, 자기 돈만이 아니라 친구나 온라인 사채업자에게 큰돈을 빌려서 도박하는 일들도 있어. 돈을 제때 갚지 못해 공갈, 협박을 당하기도 해. 부모님의 금융 정보까지 팔아 온 집안이 도박으로 인해 엄청난 피해를 입은 사례도 적지 않아.

대체 이 게임인 척하는 온라인 도박에는 어쩌다 빠져들게 되는 걸까?

유튜브 영상을 보면 도박 게임을 홍보하는 광고가 나와. 공짜로 돈을 벌 수 있다는 광고, 게임 머니를 벌게 해 준다는 배너 광고로 유혹하지. 어린이, 청소년들이 불법으로 영상을 다운받기 위해 접속하는 OTT 사이트에는 도박을 광고하는 배너들이 아주 많아. 거기서 도박으로 빠지기도 하지.

먼저 게임 도박에 빠진 친구가 끌어들이는 일도 많아. 실제로 조직

적으로 친구들을 도박에 끌어들이고 자신은 그 대가로 돈을 받은 청소년 범죄자들도 늘어났어.

"근데, 이거 다들 하는 건데 그렇게 나쁜 건가요?
안 하는 친구들 없는데요?"

스마트폰으로 너무 쉽게 불법 게임 도박을 할 수 있자, 이게 얼마나 위험한 줄 모르는 친구들도 크게 늘었어. 도박을 시작하는 나이는 점점 어려져 최근에는 초등학생들도 불법 도박에 손대고 있지.

더 큰 문제는 자신이 '도박 중독'이라고 인식하기도 힘들다는 거야. 그저 게임을 하는 것뿐이라고 생각하는 거지. 하지만 도박은 돈을 쉽게 여기게 만들고, 공정하지 못한 방식으로 돈을 뺏고 빼앗기는 사기 행위야. 도박이 범죄인 것은 그만큼 해롭기 때문이지.

어린이·청소년 시기는 뇌 발달이 다 이루어지지 않아서 충동적인 것을 조절하기 어려워. 이 시기에 도박을 하면 더욱 중독되기 쉽지.

도박에 중독되면 학교생활이나 일상생활을 망치게 돼. 친구와의 약속을 깨 버리거나 할 일을 미뤄 버리지. 한 번에 쉽게 돈을 벌고 싶다는 한탕주의에 빠지고, '이겼다'는 쾌락만 쫓아. 우리의 소중한 삶이 있는 현실을 아무렇지 않게 내팽개치게 돼. 도박을 하고 싶은 마음을 제어할 수 없어서 친구의 돈을 빼앗는 범죄까지 저지를 수 있지.

혹 도박 게임을 접했거나 자꾸만 생각이 난다면, 혼자서 해결하려 하지 말고 얼른 도움을 청해야 해. 부모님께 알리고 경찰(전화 상담-1336번, 문자 상담-#1336, 채팅 상담-넷라인)의 도움을 받아야만 해.

 **이상한 전화가 걸려 왔다고?
보이스 피싱**

'보이스 피싱'은 경찰인 척, 은행 같은 기관인 척 전화를 걸어서 계좌 번호 같은 개인 정보를 훔쳐 돈을 빼내는 범죄를 말해. 최근에는 AI로 가족, 지인의 목소리나 영상을 만들어서 더 치밀하게 속여. 이를 '딥 보이스'라고 해. 그러니 평소 같지 않게 말하거나, 급한 상황이니 돈을 보내 달라고 하거나, 카드 번호나 사진 등 개인 정보를 요구하면 일단 의심해야 해.

보이스 피싱만큼 위험한 피싱 범죄들도 조심해야 해. 피싱(Phishing)

은 '개인 정보(Private data)'와 '낚시(Fishing)'를 뜻하는 영어의 합성어야. 디지털 사회에서 '개인 정보를 낚아채어' 주로 금융 범죄를 저지르지.

 잠깐, 그 문자나 메시지는 절대 누르면 안 돼! 문자 스미싱

문자가 왔는데, 더 자세한 내용은 문자에 담긴 '인터넷 링크(URL)'를 눌러 보라고 안내되어 있어. 이런 링크를 그냥 눌러서는 안 돼. 피싱 범죄의 일종인, 문자 스미싱 범죄일 수도 있거든.

스미싱(Smishing)은 문자 메시지(SMS)와 피싱(Phishing)의 합성어야. 문자 메시지를 누르면 그 즉시 내 휴대폰에 든 개인 정보, 금융 정보를 훔쳐 돈을 빼내. 혹은 바이러스를 유포해 좀비폰으로 만들어 버리지. 좀비폰은 말 그대로 폰이 좀비가 되어 내 말을 듣지 않고 원격으로 조종당하는 상태를 말해. 일단 좀비폰이 되면 112에 신고해도 범죄자들이 전화를 가로채어 받아서 경찰인 척 연기하기 때문에 속기 쉬워.

대표적인 스미싱 유형은 다음과 같아.

✅ **가족, 지인을 사칭해서 보내는 문자**

> 엄마, 난데 휴대폰이 고장나서 인증이 안 되는데, 문화 상품권 좀 사 줄 수 있어?

> 나 휴대폰이 망가져서 문자만 돼. 급한 일이 생겼는데 돈 좀 보내 줄 수 있어?

> 엄마, 나 카드가 안 되는데, 엄마 카드 번호 좀 알려 주세요.

가족이 급한 일이 생겼다면 너무 놀라서 돈을 보내줄 수도 있어. 이런 경우 다시 가족에게 연락해서 맞는지 확인해야 돼.

✅ 택배인 척 보내는 문자

> 고객님께서 주문하신 ○○물품을 반송 처리 중입니다. 주소지를 확인 부탁드립니다. http://ccjurl.com/****

> 예약하신 물품을 보냈습니다. 클릭해서 배송 확인 부탁드립니다.

택배 문자가 왔다고 대뜸 문자를 누르지 말고, 내가 택배를 주문한 게 있는지 먼저 사이트에 들어가서 배송 상황을 확인해야 해.

✅ 금융 기관 등 공기관인 척 보내는 문자

> [국민건강보험] 종합검진결과안내서.발송완료. 내용확인.[ssc34.yuor.url]

은행이나 정부의 공식 메일 주소나 번호를 교묘하게 흉내 내기 때문에 착각하기 쉬워. 그러니 절대 누르지 말고 일단 은행이나 관공서에 따로 문의하자.

이밖에도 아르바이트, 이벤트 당첨, 경찰 사칭, 누군가 기프티콘 같은 '선물'을 보내는 문자 메시지도 스미싱 범죄로 자주 이용돼. 게다가 계속해서 새로운 유형이 나와서 피해자가 나오고 있어. 스미싱 범죄를 안 당하려면 <mark>문자가 왔다고 해서 무조건 눌러 확인하지 않아야 해.</mark> 다음은 스미싱을 조심하기 위해 전문가들이 당부한 방법들이니 꼭 살펴보자.

★ 뭔가 부자연스러운 말을 쓰는 문자 메시지는 주의해야 한다.
★ 문자에 포함된 링크를 클릭하거나 문자 메시지에서 직접 앱을 다운로드해서는 안 된다.
★ 앱은 문자 속 링크를 눌러 다운받지 말고, '구글 플레이스토어'나 '앱스토어'와 같은 잘 알려진 마켓에서 다운로드해야 한다.
★ 공공 기관이나 금융 기관은 문자 메시지로 일을 진행하지 않는다. 절대 금융 기관이나 공공 기관의 문자라고 해도 문자에 개인 정보를 입력하거나 링크를 함부로 누르지 말자.
★ 너무 좋아 보이는 제안이나 혜택이 담긴 문자를 조심해야 한다.
★ 미확인된 앱이 함부로 깔리지 않도록 스마트폰 보안 설정을 높인다.

 잠깐, 진짜 인터넷 사이트가 아니야! 파밍

 범죄는 스마트폰만 노리는 것이 아니야. 개인 컴퓨터(PC)로 가짜 홈페이지에 접속하게끔 유도해서 금융 정보를 빼내는 범죄도 있어. 이것을 파밍(Pharming)이라고 해.

 먼저 컴퓨터가 악성 코드에 감염되면 정상 홈페이지의 주소를 입력해도 가짜 홈페이지에 접속하게 돼. 가짜 홈페이지에서 누른 개인 정보(계좌 번호 비밀번호 등)를 훔쳐서 거액의 돈을 빼내는 범죄야.

 ○○○사이트의 사칭 메일을 조심하세요!

최근 대형 포털 사이트가 사칭 메일을 조심하라는 공지를 올렸어. 범죄 집단들이 대형 포털 사이트의 공식 계정과 교묘하게 닮은 계정으로 메일을 보낸 거야. 사칭 메일은 회원들에게 로그인 정보를 알려 달라고 하거나, 특정 프로그램을 다운받아 설치하라고 요구했어. 사람들은 당연히 공식 메일인 줄 알고 그대로 했다가 개인 정보를 빼앗기거나 악성 코드에 감염되었어.

이런 파밍 범죄를 피하기 위한 방법을 살펴보자.

★ 메일 주소가 정상적인지 꼼꼼히 살펴본다.

★ 컴퓨터의 보안 단계를 최신으로 업데이트한다.

★ 컴퓨터나 이메일에 공인 인증서와 같은 개인 정보에 관한 것을 남겨 두지 않는다.

★ 피싱이나 파밍 범죄를 당했다면 경찰(112)이나 사이버 경찰청(182)에 신고하고, 스마트폰이나 컴퓨터의 악성 코드를 잡기 위해 백신을 돌리고 전문가의 도움을 받는다. 스마트폰으로 돈을 빼 가는 모바일 결제가 이루어졌는지 통신사에 확인하고 이것을 취소한다. 또한 개인 정보, 금융 정보(공인인증서)를 모두 폐기하고 새로 발급받거나 바꾼다.

 불법 공유를 통한 바이러스 감염을 조심해!

"유용한 프로그램인데 그냥 쓰라고 하네?"
"어? 이거 보고 싶었던 영화인데 공짜로 다운받을 수 있네?"

혹시 유료 게임이나 프로그램, 영상물을 공짜로 다운받을 수 있는 곳이 있다면 절대 그냥 다운받아서는 안 돼. 그 파일들 속에 악성 코드(바이러스 감염 등 일부러 피해를 주고자 만든 악의적인 프로그램)가 들어 있을 가능성이 있거든. 아무 프로그램이나 받으면 프로그램 속에 있는 악성 코드로 내 컴퓨터나 스마트폰이 바이러스에 감염되는 일이 벌어질 수 있어. 무엇보다 그렇게 불법으로 다운받는 것은 저작권을 침해하는 행동이라 처벌을 받는다는 걸 명심하자.

이야기 셋

내 채팅 친구가
좀 이상해!

"엄마, 문제집 4쪽 풀었으니까 스마트폰 30분 해도 되지?"

재영은 엄마의 대답도 듣지 않고 방문을 쾅 닫고 후다닥 스마트폰을 꺼냈다.

문제집 2쪽당 스마트폰 15분. 그건 일주일전에 생긴 규칙이었다. 재영이 하루 온종일 스마트폰만 들고 있자 엄마가 정한 일방적인 규칙이었다.

재영은 당연히 반대했다. 하지만 재영이 어쩔 수 없이 이 규칙을 따르게 된 사건이 벌어졌다. 재영이 스마트폰을 보며 횡단보도를 건너

다가 신호등을 착각해서 차에 치일 뻔한 것이다. 그날부터 재영은 절대 길에서 스마트폰을 할 수 없었다. 집에서도 스마트폰을 하려면 문제집을 풀고 시간을 벌어야 했다.

재영은 아무 답이나 찍고 문제집을 풀었다고 하고 싶은 마음을 꾹 참았다. 애써 문제집 4쪽을 풀고 30분을 벌었다.

'예전 같으면 하루 종일 아바타월드에서 살았을 텐데.'

재영은 아쉬운 마음을 달래며 메타버스 게임 '아바타월드'에 접속했다. 아바타월드는 나만의 가상 캐릭터인 아바타를 만들어 메타버스 공간에서 활동하는 게임이었다. 하도 아바타월드에서 놀아서 재영은 게임 친구들이 실제 친구들보다 더 편했다. 현실 세상에는 신경 쓸 일이 넘치지만 아바타월드에서는 달랐다. 내 마음대로, 내가 왕처럼 하고 싶은 건 다 할 수 있었다. 물론 엄마가 스마트폰 규칙을 만들기 전까지 말이다.

 어, 재재. 오랜만에 들어왔네?

누군가 재영에게 채팅을 걸었다. 닉네임을 보니 '아바타짱'이었다. 두 달 전부터 채팅으로 부쩍 친해졌다. 아바타짱도 재영과 같은 12살이라고 했다.

응. 미션을 해야 올 수 있거든?

 미션?

 그런 게 있어.

재영은 자신의 아바타 재재에게 멋진 옷을 선사하고 싶었다. 옷 가게에서 옷을 보고 있는데 아바타짱이 다시 말을 걸었다.

 나 오늘도 눈물 줄줄.

 정말? 눈병 아직도 안 나은 거야?

 응. 이제는 눈도 아픈데 잘 보이지도 않는 것 같아.

아바타짱의 말에 재영은 걱정스러운 얼굴이 되었다. 지난번 채팅에서 아바탕짱이 눈에 염증이 났는데 병원에서 얼른 치료하지 않으면 심각해지는 병이라고 했다고 한다. 그런데 처방 받은 약이 너무 비싸서 사지 못했다는 것이다.

 많이 아파? 약은 잘 발랐어?

사실 아직도 약을 사지 못했어. 너무 비싸서.

 그래도 치료는 해야지. 아직도 안 사면 어떡해.

재영이 놀라 묻자 아바타짱은 우는 이모지를 띄웠다.

 알잖아. 내 사정…

아바타짱의 채팅을 보고 재영의 얼굴이 어두워졌다. 아바타짱은 엄마랑만 사는데 엄마는 일하시느라 거의 집에 안 계신다고 했다. 그래서 아바타짱의 엄마는 아바타짱의 생활에 대해 거의 아는 것이 없고, 아바타짱이 돈이 필요해도 엄마에게 말할 틈도 없었다. 아바타짱은 혼자 지내는 것과 다름이 없었다. 재영과 같이 고작 5학년인데 어른의 도움이 없이 혼자 지낸다는 말에 재영은 아바타짱이 안쓰러워 종종 아이템을 선물했다.

 재재야. 나 이러다 눈이 완전히 안 보이게 되면 어쩌지.ㅠ

아바타짱의 채팅을 보고 재영은 거의 울상이 되었다. 고민 끝에 재영은 채팅을 했다.

 울 엄마한테 이야기해 볼까?

안 돼.

채팅이 올라가자마자 바로 답글이 올라왔다. 답글이 왠지 단호하게 느껴져서 재영은 멈칫했다. 이내 바로 아바타짱의 글이 올라왔다.

 괜히 너네 부모님도 아시면 걱정하게 되잖아.

 그래도 너 그러다 큰일 나.

 저기 재재야. 부모님한테는 말하지 말고 정 걱정되면 너 저번에 명절 용돈 받은 거······.

아바타짱의 글을 보고 재영은 문득 떠올랐다. 지난달 명절에 친척 어른들이 용돈을 주셨는데, 생각보다 많이 주셔서 기쁘다고 아바타짱과 대화했었다.

 그 용돈으로라도 도와주면··· 약을 살 수 있을 거야.

 정말?

 응. 내가 돈은 꼭 갚을게. 일주일 후에?

 일주일?

 지금 보내 줄 수 있어? 방법은 내가 알려 줄게.

　재영은 '알았어.'라는 채팅창의 글을 쓰고 전송을 누르려는 참이었다. 그때 문이 벌컥 열리며 재희 언니가 들어왔다.

"재영아. 엄마가 너 십오 분 지났대."

얼마나 문을 확 열었는지 재영이 깜짝 놀라 스마트폰을 바닥에 쾅 떨어뜨렸다.

"앗, 깜짝이야!"

"뭘 그렇게 놀래?"

재희 언니는 바닥에 떨어진 스마트폰을 주우며 물었다. 재영이 가슴을 쓸어내리며 스마트폰을 받으려 손을 내밀었다.

"노크 좀 하고 들어와! 그리고 십오 분 아니고 삼십 분 할 수 있거든?"

"쳇, 사춘기 티 내냐? 방문을 뭘 그렇게 꼭 닫……."

재희 언니는 타박을 멈추고 가만히 재영의 스마트폰을 들여다보았다. 채팅 글을 보던 재희 언니의 눈이 점점 커졌다. 순간 재영의 가슴이 뜨끔해졌다.

"어, 언니. 얼른 내 폰 내놔!"

"가만 있어 봐. 너 이게 뭐야?"

"그냥 게임한 거야!"

"게임 말하는 거 아니잖아. 채팅하는 애 누구야?"

"친구야! 나랑 동갑이야."

재영이 둘러대듯 말하자 재희가 눈썹을 확 구기며 말했다.

"어떻게 알아?"

"어떻게 알긴. 걔가 말해 줬으니까 알지."

"하, 채팅으로 하는 말을 어떻게 믿어? 거짓말로 동갑이라고 하면 그뿐이잖아. 검증이 돼?"

"그, 그건······."

재희 언니가 조목조목 따지자 재영은 할 말이 없어졌다. 사실 아바타짱에 대해 안 정보는 다 아바타짱이 채팅으로 알려 준 것이기 때문이다. 그게 맞는지 알아봐야겠다는 생각은 해 본 적 없었다.

"그냥 게임 친구야. 뭘 검증까지······."

"그냥 게임 친구가 너한테 돈도 보내 달라고 하냐?"

"그건 사정이 있어서 그렇지."

재영이 입을 삐죽이며 대꾸하자 재희 언니는 이마를 짚었다.

"유재영. 진짜 큰일 날 소리 하네. 잠깐 이리 와 봐."

재희 언니는 재영의 손을 잡고 자신의 방으로 들어갔다. 그러더니 컴퓨터로 이것저것 검색했다. 순식간에 재희 언니의 모니터에는 여러 사이트 창이 떴다. 재영이는 모니터 창에 뜬 글씨를 읽었다.

"SNS, 사기와 사칭의 온상이 되다?"

"그래. 온라인에서 얼마나 사기나 불법이 많이 일어나는지 알아?"

재희 언니는 뉴스를 자세히 읽어 주었다. 온라인 사이트에서 청소년이 지인에게 돈을 보냈다가 그대로 지인이 잠수를 타고 연락이 끊겼다는 내용이었다. 그뿐만이 아니었다. 지인에게 자기 사진을 보내 줬다가 음란물에 이용되었다는 뉴스도 있었다.

재영이 떨떠름한 표정으로 뉴스를 보자 재희 언니는 진지한 표정으로 말했다.

"뉴스를 잘 봐. 모두 온라인에서 알게 된 사이야. 지금 너도 게임 친구라고 하지만 그 애가 실제 누구인지는 하나도 모르잖아. 어디 사는지, 이름이 뭔지, 정말 나랑 같은 나이인지도. 그런 사람에게 함부로 돈을 보내도 괜찮은 거야?"

"하지만… 정말 친한데……."

재영이 우물쭈물 말하자 재희 언니가 답답하다는 듯이 가슴을 두드렸다.

"일부러 친해져서 돈이나 무리한 요구를 하는 사람들도 있다니까? 친해지면 잘 거절하기 힘들잖아. 지금 너처럼."

"내가 뭘. 그리고 내가 바보야? 걔는 진짜 나쁜 애 아니거든."

재영은 괜히 억울해져서 입술을 삐죽였다. 재희 언니는 한숨을 쉬며 재영의 스마트폰을 들여다보았다. 그러다 재영에게 스마트폰을 돌려주며 말했다.

"정말 그런 거 같아?"

스마트폰을 받아든 재영의 얼굴이 핼쑥해졌다. 재영은 재희 언니랑 인터넷 뉴스를 살펴보는 동안에 채팅을 하지 않고 있었다. 그동안 아바타짱이 혼자 채팅 메시지를 길게 보내고 있었다.

재재야, 왜 말이 없어? 나 급한데…….

갑자기 왜 대답 안 하는 거야?

설마 돈 달라고 해서 그래? 나 정말 아무것도 안 보일지도 모른대ㅜ

그런데 아바타짱의 말에 재영이 아무 댓글을 달지 않자 점점 내용이 가관이었다.

재재. 너 나 차단?

아, 씨, 진짜 차단? 아 5학년 용돈이 뭐 얼마나 된다고.

고작 십오만 원 가지고 진짜 웃기네. 재수 없게.

재영은 자신이 알던 아바타짱이 맞나 싶어서 눈을 비볐다. 게다가 말투가 묘하게 어른 느낌도 났다. 재영이 떨리는 손으로 게임에서 로그아웃하자 재희 언니가 차분하게 말했다.

"온라인에서 맺는 인간관계는 정말 조심해야 해. 알고 지낸 사람일수록 더더욱 조심해야 해. 기술이 좋아져서 교묘하게 사칭하기도 쉬우니까. 돈은 물론이고 개인 정보나 사진도 절대 보내서는 안 돼. 알았지?"

재영은 침을 꿀꺽 삼키며 고개를 끄덕였다. 앞으로 아바타월드에 들어가고 싶지 않을 것 같았다. 그곳에서 친하게 지냈던 친구들의 실제 모습에 대해 하나라도 제대로 아는 게 있었나 생각해 보았다. 제대로 아는 친구는 모두 현실에서도 알고 지내는 친구들뿐이었다. 하지만 그 친구들도 가상에서는 진짜 그 친구들이 접속한 거라는 걸 확실히 알 수 있을까?

'하나도 믿지 못하겠어.'

재영은 갑자기 가상 세상이 속임수 세상처럼 느껴졌다. 재영은 재희 언니 말대로 온라인에서 사귄 친구들에게는 개인 정보나 사진 같은 것을 절대 공유하지 말아야겠다고 생각했다.

정보 셋

'친한 사이니까 괜찮다고?'
디지털 인간관계에서
반드시 알아 두어야 할 것들

십 대들은 스마트폰이 생기면 주로 SNS를 해. 소셜미디어서비스(SNS)에는 어떤 매력이 있을까? 바로 다른 사람과 손쉽게 사귈 수 있다는 점이야. 나와 비슷한 취미, 취향을 가진 사람들을 쉽게 만날 수 있지. 그런데 즐겁게 인간관계를 맺기 위해서는 반드시 알아야 하는 것들이 있어. 디지털 세상에서 맺는 인간관계가 좋고 편한 만큼 어둡고 위험한 부분이 있거든.

 닉네임, 아이디 속 실제 사람이 누구인지는 알 수 없어

　디지털에서 맺는 인간관계는 현실의 인간관계와 아주 다른 점이 있어. 바로 아이디나 닉네임 속 사람이 누구인지 확실히 모른다는 거야. 이 점을 명심해야만 안전하게 디지털 세상에서 친구를 사귈 수 있어.

　어떤 행동을 한 사람이 누구인지 드러나지 않는 '익명성'. 익명성은 디지털 인간관계의 대표적인 특징이야. 우리는 디지털 속 상대방에 대해 '아이디', '닉네임' 정도만 알 뿐이야. 그리고 그 사람이 알려 주는 정보만 알 수 있어. 그 사람이 말한 나이, 성별, 직업, 사진 혹은 SNS만 보고 그 사람에 대해 알게 되는 거야.

　그런데 말이야. 이러한 정보를 온전히 믿을 수 있을까? 인공지능 기술이 점점 발달하면서 디지털 세상의 정보는 뭐든 진짜처럼 만들어 낼 수 있잖아. 사람에 대한 정보 역시 마찬가지야. 그러니 아이디 속 누군가가 어떤 사람인지를 쉽게 믿어서는 안 돼.

　실제 사례를 볼까? 유명 인플루언서가 SNS에서 부유한 일상을 사진으로 올리며 큰 인기를 끌었어. 하지만 알고 보니 이것은 모두 가짜

였어. 사진으로 올린 비싼 명품들은 모두 가짜였고, 살고 있던 집도 자신의 집이 아니었지. SNS의 부유하고 화려한 모습으로 인기를 끈 인플루언서는 하루아침에 거짓 삶이 들통 났어. 사람들은 거짓된 모습을 비판했고 결국 인플루언서는 사과하며 SNS를 한동안 떠났어.

"제 SNS에 자주 댓글을 다는 사람인데 진짜 좋은 사람 같아요."
"에이, 그냥 게임 같이 하는 친구인데요.
제가 바보도 아니고 이상한 사람이랑은 안 놀아요."

SNS 친구가 아무리 친밀하게 느껴진다고 해도, 게임을 하다 친해졌다고 해도, 아무리 오랫동안 알았어도 그 친구에게 나에 대한 실제

정보를 알려 줘서는 안 돼. 왜냐면 그 친구가 정말 선의를 갖고 나와 친해진 건지, 다른 의도가 있는 건지는 절대로 알 수 없기 때문이지.

 **로그아웃 하면 끝!
언제든지 끊어질 수 있는 얕은 인간관계**

너무 지나치게 생각하는 것 같다고? 안타깝지만 디지털 세상에 있는 수많은 사건 사고들이 이런 익명성과 가짜 정보 때문에 일어났어. 우리는 다른 사람의 속마음을 절대 알 수 없어. 하물며 디지털 세상은 인터넷상에 올린 누군가의 한정된 면만 볼 수 있어. 상대방도 로그인을 해야만 만날 수 있지. 상대가 로그아웃을 해 버리면 언제든지 끊어질 수 있는 관계야. 지금 매우 친하다는 생각에 사적인 이야기나 개인 정보를 알려 주었다가는 나중에 악용당할 수도 있어.

명심하자. 디지털 세상에서는 언제든 인간관계가 끊어질 수 있어. 현실에서야 길을 걷다가 마주칠 수도 있고 다른 친구를 통해 상대방의 소식을 들을 수도 있어. 하지만 디지털 세상은 그렇지 않아. 로그아웃으로 끝이지. 디지털 인간관계는 현실보다 훨씬 얕은 관계라는 것을 기억하고, 나에 대한 정보를 알려 주지 않아야 해.

 **잠깐, SNS에 콘텐츠를 올릴 때는
이 점을 명심해야 해**

　대부분의 SNS에 콘텐츠를 올릴 때는 '나만 보기', '전체에게 공개', '친구에게 공개' 등 콘텐츠를 볼 수 있는 대상의 범위를 정할 수 있어. '전체 공개'나 '친구에게 공개'에 올릴 콘텐츠는 신중하게 올려야 해. 너무 사적이거나 남을 공격하거나, 오해를 살 만한 콘텐츠는 올리지 않는 게 좋아.

　일상을 기록하는 의미에서 '나만 보기'로 콘텐츠를 올릴 경우도 조심해야 해. 해킹을 당할 경우 '나만 보기용 콘텐츠'도 함부로 유출될 가능성이 있거든. SNS 해킹은 일반인들도 심심치 않게 겪는 일이야. 그러니 SNS에는 개인 정보, 너무 사적이거나 다른 사람으로 하여금 오해의 소지가 있는 부분은 올리지 말자.

　또한 SNS에 가입하고 나서는 이 사실을 부모님 등 어른에게 알리는 것이 좋아. 미성년자가 이용하기에 적절하지 않은 SNS도 많기 때

문이야. 게다가 SNS의 특성상 내가 관심 있는 콘텐츠만 자주 보게 될 확률이 높아. 그렇게 되면 한쪽으로 치우친 생각을 하게 되거나 자기 생각만 맞고 다른 생각은 틀리다고 여길 수도 있어. 그러니 SNS를 이용할 때는 적절한 공간인지 어른들과 이야기해 보는 것이 좋아.

 **오픈 채팅? 랜덤 채팅?
잠깐, 거긴 위험한 채팅방이야!**

게임, 메신저 앱과 인스타그램, X(전 트위터), 인터넷 카페 등 온라인에서 사귄 친구는 실제로 어떤 사람인지 잘 알기 어려워. 그 사람이 몇 살인지, 어디에 사는지, 무슨 일을 하는지는 알 수 없어. 오로지 닉네임과 상대방이 말해 주는 것만 알 뿐이야.

게다가 오픈 채팅방, 랜덤 채팅앱처럼 누구인지 모르는 사람들과 채팅하는 채팅 앱에서는 심각한 범죄가 일어나기도 해.

"온라인 친구가 나한테 선물을 보내 준다고
배송할 주소와 전화번호를 알려 달라는데?"

고마운 마음에 덥석 내 주소와 휴대폰 번호를 알려 준다면? 바로 내 손으로 내 개인 정보를 누군지도 모르는 사람에게 넘겨주는 거야.

아주 절친한 친구라서 믿을 만하다고? 안타깝지만 이렇게 절친한 사이를 이용해서 개인 정보를 가져가려는 나쁜 사람들이 있어. 그 사람들은 SNS나 채팅으로 친근한 사이가 된 후, 친분을 이용해 부탁을 거절하지 못하게 만든 다음에 개인 정보나 무리한 요구를 해. 요구를 거절하지 못하게 '길들인다(grooming)'는 뜻에서 이것을 '온라인 그루밍'이라고 하지.

내 온라인 친구가 그런 나쁜 사람일 리는 없다고? 그러나 온라인 그루밍으로 디지털 성범죄가 많이 일어나고 있어. 친구를 중요하게 생각하는 어린이, 청소년들의 심리를 노린 범죄들이지.

그러니 아무리 친하거나 혹은 좋은 목적이어도, 상대가 개인 정보를 달라고 하면 꼭 거절해야 해. 이런 식으로 개인 정보를 빼앗아 나중에 더 큰 범죄에 악용할 수 있어. 혹은 집 근처에 찾아와 '스토킹'하는 등 사생활 침해 범죄의 위험도 있어. 그러니 "선물은 고맙지만 마음만 받을게."라며 거절하는 것이 좋아.

"너무해. 난 진심으로 너에게 선물하고 싶었는데."

만일 거절했다고 상대방이 서운해 한다면? 그에 대해 미안하지 않았으면 해. 오히려 그 사람은 상대방이 부담스러워하는 선물을 억지로 주려고 하는 거니까. 그건 상대방의 의사를 존중하지 않는 태도야. 그런 행동을 하는 사람이라면 오히려 피하는 것이 좋아. 이런 사람이 있다고 부모님께도 알리고 말이야.

"실제 내가 궁금하다고 사진을 보내 달래."

온라인 채팅방에서 친해진 다음, 친한 사이를 빌미로 신체 사진을 요구하는 '디지털 성범죄'가 심각한 사회 문제가 되었어.

❶ 네가 궁금해. 보고 싶어. 혹시 사진을 보내 줄 수 있어?

사진?

친한 친구끼리 사진 보낼 수 있지.

❷ 우리 게임해서 이긴 사람 소원 들어주기 할까?

그래.

(게임에서 이기고)

너 사진 보내 줄 수 있어?

❸ 캐스팅 매니저예요. 프로필 사진이 괜찮은데, 아이돌 해 볼 생각 없어요? 제가 말한 사진들을 보내 주면 회사에 소개시켜 줄게요.

특히 범죄나 성적인 개념에 대해 잘 모르는 어린이의 경우, 이런 요구를 나쁘지 않게 여길 수도 있어. 그러나 이렇게 시작해서 점점 신체를 노출하는 사진을 요구하다 갑자기 이 사진들을 퍼트리겠다고 협박해서 더 큰 성범죄를 저지르는 거야. 혹은 <u>인공지능으로 사진을 합성해 가짜 음란물을 만들어 퍼뜨리는 '딥페이크(deep fake)'</u> 범죄를 저지를 수도 있어. 주로 거절을 잘 못하고, 친한 관계를 깨고 싶어 하지

"사진 하나 보내는 건 괜찮지 않을까?"

않는 어린이, 청소년을 노려서 더욱 위험해. 이런 범죄를 '디지털 성범죄'라고 해.

2019년 온라인에서 일어난 성범죄 사건인 'n번방' 사건은 우리 사회에 디지털 성범죄의 심각성을 알려 주었어. 피해자들이 대부분 미성년자들이어서 더욱 충격이 컸어. 스마트폰 메신저 '텔레그램'에서 피해자의 신체 사진이나 영상을 유포하고, 이것을 가지고 협박하며 더 큰 성범죄를 저지른 무서운 사건이야. 피해자들도 처음에 상대방들이 이런 나쁜 범죄자들인지 알지 못했어. 처음엔 친한 사이였거나 아르바이트와 같은 제안으로 알게 된 사이였거든. 이 사건으로 인해 '온라인 그루밍 처벌법'이 시행되었어.

"그냥 SNS에 사진만 올렸는데 디지털성범죄를 당했다고?"

N번방 사건의 충격이 다 가시기도 전에 2024년에도 심각한 디지털성범죄가 터졌어. 스마트폰 메신저인 '텔레그램'에서 얼굴 사진과

음란물을 합성한 딥페이크 음란물이 퍼져나간 거야. AI가 발전해 영상물이나 사진을 더 정교하게 합성하는 것을 누구나 할 수 있게 되었어. 그러자 이 점을 악용해 일반인들의 얼굴 사진과 음란물 속 인물을 합성한 음란 합성물을 만든 거야.

이 일반인 사진들은 어디서 가져온 것일까? 주로 SNS에 올리는 사진, 프로필 사진에서 가져오거나, 지인 사진, 어쩌다 찍힌 일상 사진 등에서 가져온 거였어. 그러니까 아는 사이가 아니더라도, 모르는 사이더라도 누구나 일상생활을 하면서 자기도 모르게 디지털 성범죄를 당할 수도 있는 거지. 그러니 되도록 SNS에는 개인 정보를 올리지 않는 것이 안전해.

더 충격적인 것은 이 일을 벌인 가해자와 피해자가 대부분 10대라는 점이야. 텔레그램 방에는 나이, 직업, 학교별로 음란물을 공유하는 메신저방들이 있고, 엄청나게 많은 사람들이 들어가 있다고 해.

행여나 이건 그저 합성 사진일 뿐이라고 가볍게 생각해서는 절대 안 돼. 이것은 '아동청소년 성보호법'과 '성폭력범죄 처벌법'에 적용되는 명백한 범죄야. 당연히 처벌도 받아. 사진 속 인물 역시 실제 현실을 살아가는 인물임을 명심해야 해.

　다른 사람의 허락을 받지 않고 사진이나 영상을 찍는 행동, 이것을 전송하는 행동은 모두 불법 촬영이니 절대 해서는 안 돼. 이를 합성해 유포하겠다는 협박을 한다면? 강력한 처벌을 받게 되는 범죄야. 그러니 장난으로도 여기지 말아야 해. 만일 SNS나 단체 채팅방에서 딥페이크가 의심되는 글을 알게 된다면 112, 117에 신고하자.

　이처럼 딥페이크 성범죄가 심각해지자 성범죄가 일어난 앱에 대한 규제가 필요하다는 목소리가 높아지고 있어. 텔레그램과 같이 참여자가 누구인지 알 수 없는 익명의 서비스는 범죄의 온상이 되기 쉽거든. 이에 대해 유럽연합(EU)은 2023년 8월 '디지털 서비스법'을 발효했어. 이 법은 가짜 뉴스와 아동 학대 같은 혐오와 범죄와 관련된 유해한 콘텐츠를 서비스 플랫폼이 직접 제거하는 의무를 가지도록 하는 법이야. 그동안 플랫폼에서 일어난 범죄에 아무 책임을 지지 않았던 플랫폼에 도덕적인 책임을 지게 하는 법이지.

"머리가 똑똑해지는 약을 구할 수 있대!"

　'머리가 똑똑해지는 약'이라니 귀가 솔깃하지? 하지만 이 약의 실체

를 안다면 깜짝 놀랄 거야. 바로 마약이거든. 최근 학원가에서 '머리가 똑똑해지는 음료'라며 마약을 탄 음료를 나누어 준 범죄가 있었어.

마약은 일단 손을 대면 절대 빠져나올 수 없는 물질이야. 강한 중독성과, 몸과 정신을 해치는 해로움을 갖고 있지. 한번 시도하면 중단이 어렵고, 고통과 괴로움에 견딜 수 없어 다시 마약에 손을 뻗게 돼. 그렇게 범죄에 빠져들게 되므로 호기심조차 가져서는 안 돼.

이 마약이 얼마나 해롭냐면 과거 청나라는 '아편'이라는 마약에 국민들이 중독되어 나라가 망하기까지 했지. 마약을 한 사람은 물론이고, 그 주변, 사회까지 망치는 무서운 물질이야.

그런데 이 무서운 마약이 최근 랜덤 채팅앱과 오픈 채팅방에 퍼지고 있어. 누구인지 모른다는 익명성으로 오픈 채팅방, 랜덤 채팅앱은 쉽게 범죄의 소굴이 돼. 대놓고 마약이라고 말하는 것이 아니기 때문에 잘 모르고 접할 위험도 커.

여러모로 오픈 채팅, 랜덤 채팅앱은 어린이, 청소년들에게 백해 무

익해. 상대방이 누군지 아는 현실 친구와 채팅을 하는 건 괜찮아. 물론 현실 친구와도 채팅할 때 존중과 예의를 지켜야 하지. 무분별하고 충동적인 채팅을 하면 언어폭력이나 학교 폭력으로 이어질 수 있으니까.

하지만 상대방이 누구인지 모르는 익명의 친구라면 채팅으로 친해지는 건 조심해야 해. 그리고 절대로 현실의 나에 대한 부분이나 개인 정보를 알려서는 안 돼.

같은 사람과 여러 번 채팅해서 상대방이 누군지 충분히 안다고 해도 마찬가지야. 그 사람이 알려 준 정보가 진짜인지 알 길이 없거든. 누군가를 사칭했을 수도 있어. 그러니 채팅은 현실 친구랑만 하자. 물론 현실 친구라고 해도 개인 정보를 알려 주는 것은 절대 금물이야!

 디지털 세상에서 놀면 놀수록 우울해지는 이유

"아, 시험 너무 스트레스야. 정말 공부하기 지친다."
"엄마도 아빠도 맨날 잔소리야. 집에 들어가기 싫어."
"친구들이 끼워 주지 않네. 놀 친구도 없는데 게임이나 해야지."

현실에서 해결하지 못하는 문제들이 많을 때 도망치는 마음으로 스마트폰이나 SNS를 해. 하지만 그러면 행복과는 더욱 멀어지게 돼. 내 현실은 문제투성이인데, 스마트폰 속 사람들은 모두 행복해 보이거든.

특히 SNS에는 기쁘거나 행복한 순간만을 잘라 놓은 사진이나 영상으로 넘쳐나. 누구나 각자 생활에 힘든 부분도 있지만 그런 부분은 SNS에 올리지 않지. 멋진 장소, 즐거운 여행, 비싼 음식과 물건 등 즐겁고 자랑하고 싶은 순간들만 SNS에 올려.

그걸 보면 나만 빼고 모두 행복하고 멋지게 산다고 생각하게 돼. 그렇지 못한 자신이 더욱 우울해지는 거지. 많은 연구 결과, 스마트폰으로 채팅이나 SNS를 많이 할수록 피로감이 늘고 정서에 부정적인 영향을 주는 것으로 알려졌어. 특히 주관적인 행복감이 크게 떨어진다고 나왔지.

디지털 세상에 오래 있으면 우리는 현실에 있는 작지만 소중한 순간과 행복을 보지 못하게 돼. 내가 디지털 속 사람들보다 얼마나 더 나은지만 비교하게 되

기 때문이야. 그러니 SNS를 현실 생활보다 더 많이 해서는 안 돼. 우리가 진짜 관계를 맺고 삶을 사는 공간은 SNS가 아닌 현실이니까.

잠깐! 아무렇게나 단 댓글로 고소를 당할 수도 있다고?

SNS나 온라인 커뮤니티에서 보여 주는 세상만 보다 보면 편향된 시각을 갖게 되거나, 내 의견보다 디지털 속 사람들의 의견에 휩쓸리기가 쉬워. 때로는 충동적인 마음에 다른 사람의 게시물에 비방하는 댓글을 달기도 쉽지. 그러나 무심코 단 악플에 당사자는 마음의 상처를 깊게 받을 수 있다는 걸 명심해야 해. 최근 연예인이나 유명인을 향한 무분별한 악플을 단 사람들이 고소를 당하는 일이 많아. 이런 악플은 법적인 처벌을 받을 수 있어. 악플은 고소를 당하거나 법적 처벌을 받을 수 있다는 것을 명심하고 댓글을 다는 것에 대해 신중히 생각해야 해.

 디지털 중독은 아닐 거라고?

나도 모르게 빠져드는 스마트폰 속 세상. 어쩌면 나는 그 세상에 푹 중독되어 버린 건 아닐까? 한번 다음을 체크해 보자.

스마트폰 자가 진단 체크리스트

☐ 스마트폰이 없으면 떨리고 불안하다.

☐ 스마트폰을 잃어버리면 친구를 잃은 느낌이다.

☐ 스마트폰에 설치한 앱이 30개 이상이고 대부분 사용한다.

☐ 하루에 스마트폰을 2시간 이상 사용한다.

☐ 화장실에 스마트폰을 가져간다.

☐ 스마트폰 자판이 컴퓨터 자판과 같은 배열이다.

☐ 스마트폰으로 자판을 입력하는 속도가 남들보다 빠르다.

☐ 식사 중 스마트폰이 울리면 바로 확인한다.

☐ 스마트폰을 나의 보물 1호로 생각한다.

☐ 스마트폰으로 2회 이상 온라인 쇼핑을 했다.

3~4개를 체크한 경우 : 중독 위험군

5~7개를 체크한 경우 : 중독 의심

8개 이상 체크한 경우 : 중독

출처: 서울시 교육청 블로그

어때? 생각보다 많은 항목에 체크되었다면 나는 스마트폰에 푹 빠져 있는 거야. 그러면 정작 내가 살아가는 현실은 재미없게 느끼고 방치하게 될 수 있어. 그러면 현실 친구 관계가 끊어지거나 학교생활 같은 일상을 내팽개치게 돼. 또, 스마트폰에 눈을 한시도 떼지 못해 생활 속 사고를 당할 위험이 커지지.

전문가들은 스마트폰을 오래 사용하면 자세와 시력이 나빠지고 마음 건강에도 안 좋다고 경고해. 연구 결과, 스마트폰을 더 많이(약 2배) 사용한 사람들이 더 큰 우울감과 불안, 스트레스를 보였어. 이것은 뇌에 좋지 않은 영향을 끼쳐서 자기 자신을 조절하는 능력을 떨어뜨리고 충동적인 성향을 키우지. 결국 한시도 스마트폰 없이는 생활이 불가능한 '중독'에 다다르는 거야.

그러니 스마트폰을 쓸 때는 반드시 일정 시간만 사용하자. 또 현실에서 다양한 취미 활동으로 즐거움을 찾아야 해. 우리는 현실을 살아가는 존재라는 걸 잊지 마. 현실 세계가 안전하고 즐거워야 스마트폰 세상에서도 즐겁게 지낼 수 있다는 걸 기억하자.

◯◯◯ 이야기 넷

디지털 세상에도 신호등과 횡단보도, 경찰이 필요해!

"어? 왔대."

재희 언니가 택시 앱으로 부른 택시가 도착한 모양이다. 재희 언니의 말에 거실에 있던 희진, 용하, 재영, 수빈은 우르르 바깥으로 나갔다.

오늘은 진하 오빠가 아이들에게 맛있는 음식을 사 주기로 한 날이다. 얼마 전 진하가 오빠의 과제를 만점 받은 기념이라나 뭐라나. 덩달아 얻어 먹게 된 재희 언니는 영화를 보여 주기로 했다.

언니 오빠 덕분에 사총사는 넷이서는 가 볼 엄두도 못 낸 핫플레이스를 갔다. 요즘 가장 인기 있는 브랜드들이 모여 있고 SNS에 가장 많이 등장하는 ○로수길에 가기로 한 것이다. 그중 SNS에서 가장 뜨는 맛집으로 '룰루버거'라는 곳이 있는데, 진하 오빠가 온라인 예약창이 열리자마자 예약했다고 한다. 모든 예약을 온라인 앱으로만 받는 곳이어서, 매장 앞에 길게 줄을 서는 사람들은 없었다.

"와, 여기 신기하다."

매장에 들어서자마자 희진, 용하, 재영, 수빈은 입이 떡 벌어졌다. 널찍한 매장에 서빙 로봇들이 버거를 나르고 있었다. 주문은 키오스크로 가서 셀프 주문을 해야 했다. 아이들은 휘둥그레진 눈으로 열심히 키오스크 속 메뉴를 훑었다.

"난 룰루 버거 오리지널."

"나도!"

"그럼 난 룰루 치즈 버거로 할래."

모두 메뉴를 고르고 재희 언니가 휴대폰에 있는 금융 앱으로 결제했다. 그 모습을 보던 진하가 물었다.

"어? 그건 무슨 앱이야?"

"이거? 새로 생긴 핀테크 회사가 만든 ○○페이야. 이 전자 페이로 결제하면 40%나 할인받을 수 있어."

"정말? 나도 당장 깔아야겠다."

재희 언니와 진하 오빠의 대화를 듣던 아이들은 고개를 갸웃거렸다.

"저게 무슨 말이야? 하나도 못 알아듣겠어."

"그러게. 핀테크는 머리핀을 만드는 회사인가? 근데 그거랑 돈 내는 게 무슨 상관이야."

"몰라. 우리나라 말 맞아?"

아이들의 말을 들었는지 재희 언니와 진하 오빠가 웃음을 터트렸다.

"핀테크에 '핀'은 영어로 '금융(Finance)'을 뜻하는 말의 앞글자만 따온 거야. 금융(Fin)에 기술력(Tech)을 더해서 새롭게 만든 금융 서비스야. 머리핀이랑은 아무 상관이 없어."

재희 언니가 코를 찡긋 하며 말하자 희진이 냉큼 물었다.

"언니, 그럼 휴대폰만 있으면 물건도 살 수 있어요?"

"그럼. 물건만 사게? 돈도 송금할 수 있고, 적금도 만들 수 있어. 은행에서 할 수 있는 일을 거의 다 한다고 보면 돼."

재희 언니의 말에 수빈이 눈을 반짝거렸다.

"우아. 할머니께 말씀드려야겠다. 우리 할머니는 늘 은행 문 여는 시간에 맞춰 줄을 서시거든요. 안 그러면 한참 기다려야 한대요."

상기된 얼굴로 말하는 수빈에게 진하 오빠와 재희 언니가 뭔가 말하려다 말았다. 마침 서빙 로봇이 햄버거가 잔뜩 담긴 쟁반을 들고 왔기 때문이다. 쟁반에 담긴 음식들을 모두 테이블에 옮겨 놓자 로봇이 다음 주문 테이블로 갔다. 그 모습을 지켜보던 재영이 말했다.

"미래 세상에 온 것 같아."

햄버거를 나눠 주며 진하 오빠가 말했다.

"휴대폰 하나만 있으면 뭐든 할 수 있긴 해. 택시도 부르고, 식당 예약도 하고, 음식 값도 내니까."

"하지만 그만큼 위험한 부분도 커졌어. 이거 하나 잃어버리면 진짜 난리 나거든."

재희 언니가 휴대폰을 들어 보였다. 진하가 고개를 끄덕였다.

"맞아. 휴대폰 안에 내 정보가 얼마나 많이 있는지 몰라. 사진과 영상은 물론이고, 이메일, 주소, 은행 계좌 번호, 각종 인증서까지."

"그뿐만 아니야. 내 인간관계, 취향, 직업, 자주 다니는 곳, 스케줄 같은 사생활도 다 알 수 있어."

햄버거를 우물거리던 아이들은 눈을 크게 껌벅였다.

"어떻게 다 알아요?"

용하가 씹던 햄버거를 꿀꺽 삼키고 나서 물었다. 재희 언니는 슬러시를 빨대로 휘휘 저으며 대꾸했다.

"아까 스마트폰으로 한 일들을 생각해 봐. 택시 앱을 써서 택시를

타고 왔잖아. 목적지가 기록으로 남겠지. 배달 앱을 써서 뭔가를 배달시켜 받는 곳도 대부분 집이나 직장이잖아. 이런 식으로 자주 가는 장소나 집 주소와 휴대폰 번호 등이 스마트폰 앱에 기록으로 남게 돼."

진하 오빠가 휴대폰을 꺼내어 금융 앱과 배달 앱을 보여 주었다.

"음식 값을 내려면 은행 앱이나 핀테크로 만든 금융 앱을 쓰면 돼. 거기에는 계좌 번호나 금융 인증서가 등록되어 있어서 디지털로 돈을 지불할 수 있는 거야."

"그뿐만 아니야. SNS에는 친한 사람들의 계정이 팔로우되어 있고, 연락처 목록에는 친한 사람들의 휴대 전화와 이름 정보들이 있지."

재희 언니의 말을 듣고 보니 그랬다. 희진, 재영, 용하, 수빈도 SNS나 메신저에 가입할 때 메일 계

정과 생년월일, 닉네임, 비밀번호 같은 개인 정보를 적었다. 아이들은 고개를 갸우뚱거렸다.

'근데 그런 건 가입하려면 당연히 해야 하는 절차 아닌가?'

"우리가 휴대폰을 쓸수록 우리의 정보는 앱을 만든 회사에 제공돼. 어떤 앱을 쓰든 회원 가입을 해야 하고, 자연스럽게 개인 정보 활용에 동의하게 되거든. 아마 너희도 개인 정보 활용에 동의했을 거야."

"난 그런 적 없는데?"

재영이 말하자 햄버거를 반쯤 먹어 치운 용하가 말했다.

"재영아, 너 아바타월드 하잖아. 거기도 개인 정보 활용 뭐 있던 것 같던데."

"뭐? 진짜?"

"가입할 때 동의하라는 항목 있었잖아."

희진까지 아는 듯이 말하자 재영이 놀라 후다닥 호주머니에서 스마트폰을 꺼냈다. 가입할 때 뭔가 동의하라고 했던 것 같은데, 그게 다 개인 정보에 관한 항목이었나 보다.

"힝. 누가 그런 걸 일일이 읽어. 그냥 체크하고 넘어가지."

그 모습을 본 재희 언니가 긴 한숨을 내쉬었다.

"재영아. 앞으로는 절대 그냥 체크하면 안 돼. 모두 꼼꼼히 읽어 봐야 해. 만일 그게 개인 정보에 관한 내용이면 체크한 것만으로 네가 이미 동의한 셈이거든."

재희 언니가 타박하듯이 말하자 재영은 입술을 삐죽거렸다. 자신이 부주의했던 것은 맞지만 좀 억울하기도 했다. 항목에 체크하지 않으면 앱을 이용할 수 없기 때문이다.

"아바타월드를 하는 애들이 얼마나 많은데⋯⋯. 그 많은 사람들이 다 동의했으면 별 문제 없겠지."

"글쎄. 그렇게 쉽게 생각할 문제가 아니야."

이번에는 진하 오빠가 재영의 말에 반박했다. 진하는 예전에 영화 감상 취미를 위해 알아본 인터넷 카페에서 있었던 일을 이야기해 주었다.

그 인터넷 카페는 워낙 유명해서 가입하려면 개인 정보를 꽤나 많이 기입해야 했다. 실명은 물론이고, 나이, 집 주소, 연락처, 자주 가는 극장까지. 너무 사적인 정보까지 요구하는 것 같아서 진하 오빠는 그 카페에 가입하는 걸 포기했다고 한다. 그랬는데⋯⋯.

"그 인터넷 카페가 통째로 개인 정보를 도용했어."

"개인 정보를 도용했다고?"

재희 언니가 놀라 묻자 진하 오빠는 차분히 고개를 끄덕였다. 알고 봤더니 그 인터넷 카페를 운영하는 사람이 회원 정보에 눈독을 들인 다른 사람에게 인터넷 카페를 통째로 팔아넘긴 것이다.

　카페 운영자가 다른 사람으로 바뀌면서 가입된 회원들의 정보도 바뀐 운영자의 수중으로 넘어갔다. 새 운영자는 카페 운영에는 관심이 없고 회원들의 개인 정보만 팔아넘겼다. 영화 카페 회원들은 졸지에 개인 정보가 유출되어 메일 계정으로 다른 아이디가 만들어져 도용 신고를 하느라 아직도 고생 중이라고 한다.

"그 카페에 가입했다면 나도 개인 정보가 유출됐겠지."

수빈이 진하의 이야기를 듣다가 걱정스러운 얼굴로 물었다.

"저도 인터넷 카페에 몇 개 가입했는데 그런 일이 생기면 어떡하죠?"

"안타깝지만 휴대폰이든, 인터넷이든 우리가 늘 조심하는 게 가장 빠른 방법이야. 너무 많은 개인 정보를 요구하는 인터넷 카페나 모임은 가입하지 않는 게 좋겠지. 잘 이용하지 않는 인터넷 카페나 사이트, 앱은 꼭 탈퇴하고."

아이들은 고개를 끄덕였다. 그러자 재희 언니가 푸념을 내뱉었다.

"그런데 언제까지 사람들이 각자 조심하는 것에만 기댈 수는 없어. 우리가 쓰는 디지털 서비스는 점점 많아지고 새로운 유형이 나타나니까. 뭘 조심해야 하는지 잘 모를 수밖에 없다고."

맞는 말이라는 듯 진하도 고개를 끄덕였다. 아이들이 햄버거를 다 먹어 갈 무렵, 벽에 걸린 스크린에 뉴스가 나왔다.

- 얼마 전 학교 폭력으로 물의를 빚은 아이돌 A가 과거 인터넷 사이트에 올렸던 글들이 다시금 재조명되고 있습니다.

햄버거를 다 먹은 용하가 컵에 담긴 콜라를 빨대로 마시며 말했다.

"와, 정말 학교 폭력 가해자였던 거야?"

"그런가 봐. 진짜 실망이야."

재희 언니도 턱을 괴며 물끄러미 뉴스를 보았다. 뉴스에는 아이돌 A가 썼다는 메신저 글들이 캡처되어 나오고 있었다.

"근데, 저 글이 맞는지 좀 더 확인해 봐야 하는 거 아니야?"

재희 언니의 말에 재영이 맞장구쳤다.

"맞아. 내가 좋아하는 게이머도 학교 폭력 가해자라고 누군가 신고하는 글을 올려서 엄청나게 욕을 먹었거든? 그 게이머의 게임 채널에도 온통 학폭 가해자라고 욕하는 글이 많았어. 그 게이머는 게임 스트리밍 방송도 그만뒀어. 근데, 알고 봤더니 그 신고 글이 조작이었어."

수빈도 아는 일인지 설명을 덧붙였다.

"맞아. 그 신고 글이 조작이라고 알려졌는데도, 사람들은 아무도 관심을 갖지 않더라."

사람들이 자극적인 뉴스를 메신저로 퍼다 나르고, 카페나 커뮤니티, 채팅으로 공유하는 일은 너무 흔한 일이었다. 하지만 정작 그 뉴스가 맞는지, 정정된 내용까지 찾아보는 사람들은 없었다. 수빈은 만일 자신에게 그런 일이 생기면 어떨지 생각해 보았다.

"그 게이머는 정말 억울할 것 같아."

"맞아. 나는 나중에 인터뷰를 찾아봤거든. 그런데, 그 게이머가 게임 방송을 시작한 것도 후회한다고 하더라고. 사람들의 악플이 너무 무서워서 그냥 잊히고 싶대."

재영의 말을 듣자 모두 생각에 잠겼다. 편리하고 좋은 점만 있을 것 같은 디지털 세상이 마냥 좋기만 한 것은 아니란 생각이 들었다. 사람들이 어떻게 활동하느냐에 따라 언제든 두려운 공간이 될 수도 있었다.

그때 가게의 유리문이 열리고 할머니 두 분이 들어왔다. 할머니들은 매장 내부를 두리번거리며 난감한 표정을 지었다. 주문을 받는 카운터를 찾으시는 것 같았다. 마침 출입문이 보이는 쪽으로 앉아 있던 수빈이 그 모습을 보았다. 수빈은 걱정스러운 눈으로 할머니들을 보다 재희 언니를 불렀다.

"언니, 저기……."

"응? 아, 잠깐만."

재희 언니는 자리에서 일어나 할머니들 쪽으로 다가갔다. 할머니들께 인사를 하며 살갑게 말을 붙인 재희 언니는 키오스크로 주문을 넣고 결제까지 도와드렸다. 그 모습을 보던 수빈은 마음이 무거워졌다. 아까 재영 언니와 진하 오빠의 말을 듣고 할머니께 휴대폰으로 은행 일을 보는 걸 말씀드리려 했는데, 지금 생각해 보니 과연 할머니가 하실 수 있을까 싶었다. 나이 드신 분들은 이런 식당에 와서 기계로 음식을 주문하는 것조차 쉽지 않은데 말이다.

재희 언니가 돌아오자 진하 오빠가 햄버거 포장지들을 정리했다.

"자, 다 먹었으면 갈까? 영화 시간 되어 가네."

"네."

어떻게 알았는지 때마침 서빙 로봇이 다가와 그릇들을 회수해 갔다. 다시 봐도 신기한 풍경이었다. 마치 미래 세상에 미리 탐험 온 것 같은 매장을 나서자 시끌벅적한 거리가 펼쳐졌다. 영화를 제일 기대하던 재영이 앞장섰다.

극장을 가기 위해 아이들과 재희, 진하는 횡단보도 앞에 섰다. 앞에는 6차선의 긴 횡단보도가 펼쳐져 있었고, 바닥에는 사람들이 안전하게 길을 건널 수 있도록 노란 발자국 디자인이 그려져 있었다. 희진은 문득 횡단보도를 건너기 위해 신호를 기다리는 사람들을 바라보았다.

 휠체어를 탄 사람도 있었고, 유아차를 끄는 부모도 있었다.

 그때 시각 장애인을 위한 신호등 안내 방송이 나왔다.

 "녹색불로 바뀌오니 건너시기를 바랍니다."

 녹색 신호로 바뀌고 자동차가 모두 멈춰 서자 사람들은 약속이라도 한 것처럼 질서 있게 횡단보도를 건넜다. 긴 횡단보도를 건너는 할아버지의 짐을 나누어 드는 남학생의 모습도 보였다.

희진은 문득 이런 생각이 들었다.

디지털 세상에도 현실처럼 공공질서가 있고, 예의범절이 있다면 어떨까? 많은 사람들이 한꺼번에 길을 건너지만 안전한 이 횡단보도처럼 디지털 세계도 이런 규칙과 법이 있다면 더 안전하고 편리하게 이용할 수 있지 않을까? 하루빨리 디지털 세상에 대한 법과 규범이 더 많이 만들어지면 좋겠다고 생각했다.

정보 넷

디지털 사회에서 우리의 권리를
안전하게 지키기 위해 필요한 것들

디지털 기술은 점점 빠르게 발전해. 우리는 편리하고도 신속하게 문제를 해결하고 일을 하며 서비스를 받을 수 있지. 하지만 마냥 좋은 것만은 아니야. 디지털 기술이 발전하는 속도가 너무 빨라서 기술을 잘 모르는 사람들은 바뀐 세상에 적응하기 어렵거든. 그래서 생기는 문제도 만만치 않아.

 너무 빨리, 너무 많이 디지털 서비스로 바뀌고 있어

야구 보러 왔는데, 티켓을 살 수가 없어요. 인터넷으로만 판다고 하네요.

극장에 왔는데, 영화표를 파는 직원이 없네요. 키오스크를 쓰라고 하는데, 어떻게 쓰는 건지 도통 모르겠어요.

한 뉴스에서 오랜 야구팬인 한 할아버지가 티켓을 구하지 못해 야구장 앞에서 발길을 돌리는 장면이 나왔어. 야구 경기를 관람하는 티

켓을 온라인에서만 판매하기 때문이야.

　그러면 인터넷으로 표를 사면 되지 않냐고? 인터넷에서 물건을 구입하는 것이 쉬운 젊은 세대와 달리, 노인 세대는 인터넷으로 물건을 사는 것이 어려워. 컴퓨터는 물론이고 극장이나 음식점의 키오스크를 쓰는 것도 어렵지. 디지털 기기를 자주 쓰지 않아서 사용 방법을 모르거나, 어렵기 때문이야. 그래서 점점 서비스를 이용할 수 없고, 유용한 정보를 알기도 힘들지.

　어른들도 다 스마트폰을 쓰는데 왜 그런 걸 모르냐고? 많은 노인분들은 스마트폰을 가지고도 매우 한정된 기능만 이용해. 전화나 문자 메시지를 주고받거나 유튜브 영상을 보거나 메신저로 대화하는 것만 하는 분들이 많아. 그 외에 다른 기능들은 잘 몰라서 쇼핑이나 다양한 앱을 쓰는 것은 엄두도 못 내는 분들도 많아. 챗GPT 같은 인공지능 앱에 대해서 더더욱 알지 못하는 경우가 많지.

　디지털 기기에 능숙한 사람들은 디지털 세상 속 유용한 정보를 쉽게 얻어서 더 많은 첨단 과학 지식을 쌓을 수 있어. 반면 디지털 기기에 서툰 사람들은 디지털 정보를 잘 몰라서 현실에서도 불편한 일들을 겪게 되지. 이것을 '디지털 격차'라고 말해.

과학 기술이 발전할수록 디지털 격차는 점점 벌어지고 있어. 디지털 기술을 잘 이용하지 않는 사람들은 과학 기술을 이해하기가 갈수록 어렵기 때문이지. 주로 노인 세대들과 값비싼 디지털 기기를 구입하기 어려운 소외 계층들이 이런 불편함을 겪게 돼.

 디지털 기술은 누구나 쓸 수 있어야 해

디지털 격차가 생기는 게 잘 알지 못하는 사람의 잘못일까? 그렇지 않아. 과학 기술이 쏟아져 나오는 만큼 다양한 사람들에 맞춰 더 많은 교육과 안내가 필요해. 그런 노력이 부족하기 때문에 디지털 격차가 생기는 거지. 이것을 해결하기 위해 어떤 노력을 기울여야 할까?

디지털 기술을 잘 모르는 노인 세대들에게 디지털에 대해 알려 주는 교육이 필요해. 노인 세대도 디지털 기술에 대해 배운다면 충분히 이용할 수 있거든. 천천히 익숙해지게끔 교육 과정을 마련해 변화에 적응하도록 도와야 해.

기술을 만드는 사람들은 쉽게 이용할 수 있는 디자인이나 기술을 만

드는 노력을 기울여야 해. 누구나 디지털 기술을 이용할 수 있어야 자신의 권리도 누릴 수 있으니까. 또한 값비싼 기기 때문에 이용하지 못하는 소외 계층이 없도록 디지털 공공 시설을 마련하는 것도 필요해.

 디지털 세상에도 인권이 있어

누구나 사람이면 마땅히 누려야 할 권리가 있어. 인간답게 존중받을 권리, 이것을 인권이라고 해. 인간이면 누구나 인권을 가지기 때문에 '천부인권(天賦人權)'이라고 하지. 하늘이 내려 준 권리라는 뜻이야.
디지털 세상은 인간이 만든 또 다른 가상의 세상이야. 인간이 만들

고, 또 인간이 활동하고 있으니 그곳에도 당연히 인권이 있겠지? 디지털 세상에서 만나는 아이디, 닉네임을 가진 이들도 현실을 살아가는 한 사람이니까.

그런데 사람들은 디지털 세상에서 활동할 때 그 점을 쉽게 잊어. 단순히 하나의 아이디, 하나의 댓글 정도로 받아들이고 함부로 대할 때도 많지. 디지털 세상에서 일어나는 수많은 문제들은 바로 인권을 존중하지 않기 때문에 일어나. 다음과 같은 경우들이지.

★ SNS에 올린 사진 하나나 짧은 글만 보고 쉽게 그 사람에 대해 자기 멋대로 판단하고, 비난하는 일들이 많아. 유명인들의 SNS나 누군가 커뮤니티에 올린 글들에 달린 악플들은 상대방을 한 명의 사람으로 존중하지 않는 태도로 인해 생긴 일들이야.

★ 유명인이나 인플루언서의 사생활에 대해 지나치게 파고들거나 공개해 버리는 행동도 인권을 침해하는 행동이야.

★ 딥페이크 음란물 등을 유포하거나 보는 디지털 성범죄도 온라인 세상 속 피해자의 인권을 생각하지 않은 범죄야.

★ 나와 생각이 다른 사람들의 SNS나 채팅 앱에서 단체로 공격을 퍼붓는

사이버 폭력도 인권을 침해하는 행동이야.

 디지털 세상에 익숙하지 않아서 서툴게 이용하는 사람들을 비웃거나 조롱하는 태도도 인권을 생각하지 않는 행동이야.

　위와 같은 행동은 디지털 세상에서 빈번하게 일어나. 만약 그곳이 디지털 공간이 아니라 현실이라면 그렇게 행동할 수 있을까? 다른 사람들도 하니까 나도 같이 악플을 달고, 사생활을 침범하고 인권을 침해하는 행동에 동조하지 않아야 해. 그래야 디지털 세상에서 나도 안전하게 활동할 수 있게 될 테니까.

🔔 잊힐 권리, 디지털 세상에서 나의 권리를 지키기 위해

　사람들은 인터넷 공간에서 무분별하게 다른 사람의 개인 정보를 알아 가고, 사생활을 침해했어. 그러자 더 이상 피해를 입지 않기 위해 떠오른 직업이 있어. 바로 '디지털 장의사'야. 장의사는 사람이 죽고 난 후의 할 일들을 해 주는 사람을 말해. 그렇다면 디지털 장의사는 어

떤 일을 하는 사람일까?

　바로 디지털 세상에서 원치 않게 남은 개인 정보를 찾아 영구적으로 없애 주는 일을 하는 사람이야. 원래는 죽은 사람의 디지털 정보를 찾아서 삭제해 주는 일에서 시작했어. 어떤 사람이 죽으면 현실에서는 장례를 치르지만 디지털에서는 아무 절차가 없잖아. 그래서 죽은 사람의 정보가 계속해서 남아 있거나 이용되는 일이 많았지. 그래서 죽은 이의 명예나 가족을 위해 디지털 세상에 있는 죽은 이의 개인 정보나 기록들을 삭제했던 거야.

　하지만 이제는 살아 있는 사람들을 위한 활동도 하고 있어. 디지털 세상에는 정보가 너무 빠르게 확산돼. 게시물을 작성하면 누군가 빠르게 퍼 가거나 옮겨 갈 수 있어. 만일 그 게시물에 개인 정보가 담겨 있다면, 개인 정보도 함께 퍼지는 거야. 작성한 게시물을 삭제해도 누군가 복사하거나 공유한 것들을 일일이 찾아내기는 어려워. 그래서 원치 않게 유출된 개인 정보나 기록들을 찾아서 없애 주는 전문가들이 필요해진 거야.

　디지털 장의사는 디지털 세상에 원치 않게 떠도는 개인 정보들로 고통받지 않기 위해서 생겨난 직업이야. 그럼으로써 사람들은 디지털 세상에서 안전하게 활동할 권리를 보장받는 것이지. 이것을 '잊힐 권리'라고 말해. 인터넷 세상에 있는 자신과 관련된 정보를 삭제해 달라고 요구할 수 있는 권리이지.

 어린이, 청소년을 위한 잊힐 권리, '지우개 서비스'

혹시 '지우개 서비스'라고 들어 봤니? '**지**켜야 할 **우**리의 **개**인 정보'의 약자로, 어린이, 청소년이 쓴 디지털 게시물 중 개인 정보가 들어 있는 것을 삭제하거나 검색되지 못하게 해 주는 서비스야. 만 24세 미만이라면 지우개 서비스를 신청할 수 있어. 자신이 만 18세 이하였을

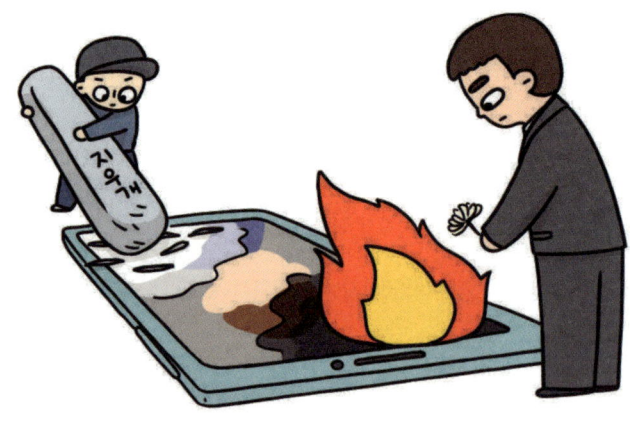

때 쓴 게시물을 지워 주는 서비스야. 이것은 어렸을 적에 아직 개인 정보가 뭔지, 얼마나 중요한지도 모르고 활동한 사람들의 '잊힐 권리'를 지켜 주기 위한 서비스지.

자세한 내용을 알기 위해서는 개인정보위원회에서 운영하는 '개인 정보 포털(https://www.privacy.go.kr/front/main/main.do)'에 가 보면 알 수 있고, 또 신청할 수 있어. 이 사이트에서 내가 가입하고도 잊어버린 다양한 웹사이트를 알아보고 탈퇴할 수 있어. 여기서 만일 내가 직접 가입하는 않은 사이트가 나온다면? 누군가 내 개인 정보로 몰래 사이트에 가입했을 가능성이 있는 거야. 그러니 주기적으로 꼭 어떤 웹사이트에 가입되었는지를 알아보자.

 디지털 세상에도 법과 규칙이 필요해, 디지털 권리 장전

디지털 서비스가 이렇게 많아지기 전에도 개인 정보는 있었지만, 지금처럼 중요하게 쓰이지는 않았어. 하지만 이제 개인 정보는 반드시 보호하고 잘 관리해야 할 중요한 정보가 되었지. 디지털 세상이 되면서 개인 정보의 가치가 달라진 거야.

과학 기술은 점점 이전과는 다른 세상과 가치를 우리에게 보여 줄 거야. 우리는 이제 현금이나 카드를 쓰지 않고 전자 화폐로도 거래할 수 있어. 궁금한 점이 있으면 전화 상담원이 아니라 챗봇이나 인공지능에게 물어봐. 이제 인간처럼 일하고 창작하는 인공지능도 나왔어. 인간만이 창작물의 저작권을 가졌다면, 이제는 인공지능도 저작권을 가지는 시대가 열린 거야.

이처럼 디지털 세상은 현실만큼 많은 일과 다양한 거래가 일어나. 그러면서 수많은 사람들의 다양한 권리가 충돌하는 공간이 되었지. 디지털 세상에도 현실처럼 법과 규칙이 필요해졌어. 디지털 사회를

안전하게 이용할 수 있도록 법과 보호가 더 필요해진 거야. 그렇지 않으면 디지털 세상은 그 무엇도 안전하지 못한 무법 지대가 될 거야.

디지털 사회에서 무엇이 옳고 그른지, 올바른 가치를 지키고 안전하게 이용할 수 있는 원칙을 만들기 위해 노력하고 있어. 이것을 '디지털 권리 장전'이라고 해. 2023년 9월 과학기술정보통신부는 디지털 사회에 기본적인 규범을 담은 '디지털 권리 장전'을 마련했어. 디지털 권리 장전에는 다음과 같은 5가지 기본 원칙이 있어.

① **디지털 환경에서 자유와 권리를 보장한다**

디지털 사회는 인간의 존엄과 가치에 대한 존중을 기본으로 하며, 모든 사람은 디지털 환경에서의 자유와 권리를 보장받아야 한다.

② **공정하게 접근할 수 있게 하고, 기회를 균등하게 제공한다**

디지털 사회에서 경쟁과 혁신의 기회는 누구에게나 공정하게 보장되어야 하며, 디지털 혁신의 혜택은 공동체가 함께 향유하여야 한다.

③ **안전과 신뢰를 반드시 보장한다**

디지털 사회에서 디지털 기술과 서비스는 개인과 사회의 안전에 위협이 되지 않도록 신뢰할 수 있어야 하고, 디지털 위험에 대비하는 수단과 절차가 마련되어야 한다.

④ 디지털 혁신을 더욱 이끌어 내야 한다

디지털 사회는 디지털 기술의 지속적인 발전과 이를 활용한 혁신을 장려하며, 개인의 자율적이고 창의적인 활동을 통해 디지털 혁신이 창출될 수 있도록 토대가 마련되어야 한다.

⑤ 인류의 생활을 더욱 좋게 만드는 데 기여해야 한다

디지털 사회에서 국가는 디지털 기술이 인류의 후생 확대와 국가 간 디지털 격차 해소에 기여할 수 있도록 보편적 가치와 상호 신뢰를 기반으로 국제 사회와 연대하여야 한다.

출처: 대한민국 정책브리핑(www.korea.kr)

이 같은 원칙을 바탕으로 빠르게 바뀌는 디지털 세상의 알맞은 법과 질서를 마련해 나갈 거야. 앞으로 우리는 디지털 세상의 권리와 규범에 더욱 관심을 가져야 해. 우리가 더 많은 관심을 가질수록 디지털 세상의 가치와 질서는 더욱 빠르게 변화를 반영해서 발전해 나갈 테니까.

관련 교과

교과	단원
2학년 안전한 생활	3. 소중한 우리-(3) 나를 지켜요
4학년 2학기 사회	3. 사회 변화와 문화의 다양성
5학년 1학기 사회	2. 인권 존중과 정의로운 사회
3학년 도덕	5. 함께 지키는 행복한 세상
5학년 도덕	1. 바르고 떳떳하게 4. 밝고 건전한 사이버 생활
6학년 도덕	4. 공정한 생활
5학년 실과(미래엔)	6. 생활과 정보

소액대출

공부가 되고 상식이 되는! 시리즈

1. 신 나는 법 공부!
   장보람 지음, 박선하 그림 | 168면 | 값 11,000원

2. 미래를 살리는 착한 소비 이야기
   한화주 지음, 박선하 그림 | 148면 | 값 11,000원

3. 적금은 뭐고 펀드는 뭐야?
   김경선 지음, 박선하 그림 | 120면 | 값 11,000원

4. 미래를 이끄는 어린이를 위한
   소셜 미디어 이야기
   한현주 지음, 박선하 그림 | 152면 | 값 11,000원

5. 어린이를 위한
   인공지능과 4차 산업혁명 이야기
   김상현 지음, 박선하 그림 | 163면 | 값 12,000원

6. 어린이를 위한 따뜻한 과학, 적정 기술
   이아연 지음, 박선하 그림 | 160면 | 값 12,000원

7. 미래를 위한 따뜻한 실천, 업사이클링
   박선희 지음, 박선하 그림, 강병길 감수 | 144면 |
   값 12,000원

8. 어린이를 위한 동물 복지 이야기
   한화주 지음, 박선하 그림 | 166면 | 값 12,000원

9. 지구와 생명을 지키는 미래 에너지 이야기
   정유리 지음, 박선하 그림 | 162면 | 값 12,000원

10. 생명을 위협하는 공기 쓰레기,
    미세먼지 이야기
    박선희 지음, 박선하 그림 | 160면 | 값 12,000원

11. 어린이를 위한 4차 산업혁명 직업 탐험대
    김상현 지음, 박선하 그림 | 167면 | 값 12,000원

12. 어린이가 알아야 할
    가짜 뉴스와 미디어 리터러시
    채화영 지음, 박선하 그림 | 144면 | 값 12,000원

13. 지구가 보내는 위험한 신호,
    아픈 바다 이야기
    박선희 지음, 박선하 그림 | 161면 | 값 12,000원

14. 어린이를 위한 미래 과학, 빅데이터 이야기
    천윤정 지음, 박선하 그림 | 159면 | 값 12,000원

15. 세상을 따뜻하게 만드는 착한 디자인 이야기
    정유리 지음, 박선하 그림 | 155면 | 값 12,000원

16. 지구와 미래를 위협하는 우주 쓰레기 이야기
    김상현 지음, 박선하 그림 | 136면 | 값 12,000원

17. 어린이를 위한 가상현실과 메타버스 이야기
    천윤정 지음, 박선하 그림 | 152면 | 값 12,000원

18. 환경을 지키는 지속 가능한 패션 이야기
    정유리 지음, 박선하 그림 | 152면 | 값 12,000원

19. 경제를 아는 어린이로 이끌어 주는
    주식과 투자 이야기
    김다해 지음, 박선하 그림 | 156면 | 값 12,000원

20. 어린이가 알아야 할
    바이러스와 팬데믹 이야기
    정유리 지음, 박선하 그림 | 131면 | 값 12,000원

21. 기후 위기 시대,
    어린이를 위한 기후 난민 이야기
    박선희 지음, 박선하 그림 | 144면 | 값 13,000원

22. 디지털 미래의 어두운 그림자,
    전자 쓰레기 이야기
    김지현 지음, 박선하 그림 | 116면 | 값 13,000원

23. 미래를 살아갈 어린이들이 꼭 알아야 할
    민주주의와 선거
    천윤정 지음, 박선하 그림 | 142면 | 값 13,000원

24. 어린이가 알아야 할
    식량 위기와 미래 식량 이야기
    박하연 지음, 박선하 그림 | 104면 | 값 13,000원

25. AI시대, 어린이를 위한
    질문의 힘과 AI 리터러시
    정유리 지음, 박선하 그림 | 136면 | 값 13,000원

26. 미래 과학의 필수 과목,
    어린이를 위한 뇌 과학 이야기
    김상현 지음, 박선하 그림 | 108면 | 값 13,000원